Formação permanente do professorado:

novas tendências

CB041318

Dados Internacionais de Catalogação na Publicação (CIP)
(Câmara Brasileira do Livro , SP, Brasil)

Imbernón, Francisco
    Formação permanente do professorado : novas tendências /
Francisco Imbernón ; tradução de Sandra Trabucco Valenzuela. --
São Paulo : Cortez, 2009.

    Título original: Nuevas tendencias en la formación permanente
del profesorado.
    Bibliografia
    ISBN 978-85-249-1494-2

    1. Educação continuada - Brasil 2. Professores - Formação pro-
fissional - Brasil I. Título.

09-02159   CDD-374

Índices para catálogo sistemático:
1. Formação permanente de professores   374

Francisco Imbernón

Formação
permanente do
professorado:

novas tendências

TRADUÇÃO DE
Sandra Trabucco Valenzuela

1ª edição
8ª reimpressão

Título original: Nuevas tendencias en la formación permanente del profesorado
Francisco Imbernón

Capa: aeroestúdio
Preparação de originais: Ana Paula Luccisano
Revisão: Maria de Lourdes de Almeida
Composição: Linea Editora Ltda.
Coordenação editorial: Danilo A. Q. Morales

Direitos para esta edição
CORTEZ EDITORA
R. Monte Alegre, 1074 — Perdizes
05014-001 — São Paulo - SP
Tel. (11) 3864 0111   Fax: (11) 3864 4290
e-mail: cortez@cortezeditora.com.br
www.cortezeditora.com.br

Impresso no Brasil — setembro de 2023

Sumário

Apresentação

A necessidade de uma mudança na formação permanente do professorado no século XXI

Na última etapa do século XX, a formação permanente do professorado teve avanços muito importantes como, por exemplo, a crítica rigorosa à racionalidade técnico-formativa, uma análise dos modelos de formação, a crítica à organização da formação de cima para baixo, a análise das modalidades que provocam maior ou menor mudança, a formação próxima às instituições educativas, os processos de pesquisa-ação, como processo de desafio e crítica, de ação-reflexão para a mudança educativa e social, com um teórico professor(a) pesquisador(a), um conhecimento maior da prática reflexiva, os planos de formação institucionais etc., e especialmente uma maior teorização sobre o tema são conceitos que ainda viajam sobretudo nos papéis, embora em muitos locais da prática formativa passem por alto, permanecendo na letra impressa ou se pervertendo.[1]

Ninguém pode negar que os contextos sociais e educativos que condicionam todo ato social e, portanto, a formação, mudaram muito. As mudanças sempre ocorreram, porém, hoje falamos muito mais a esse respeito ou, ainda, sua percepção é maior. Cada geração tem a sensação de que as mudanças foram vertiginosas, mas, a verdade é que nos últimos decênios estas mudanças foram bruscas e deixaram muitos na ignorância, no desconcerto e, por que não dizer, numa nova pobreza (material e intelectual) devido à comparação possibilitada pela globalização de fatos e fenômenos. Muitas dessas mudanças eram incipientes quando a formação permanente foi institucionalizada na maioria dos países, no século XX. A nova economia, a globalização (prefiro o conceito de mundialização, dada a desfiguração do outro termo aplicado quase ao econômico e ao mercado), a tecnologia que desembarcou com grande força em todos os âmbitos do cultural e na comunicação, a mistura de outras culturas ou o conhecimento delas, a endêmica discriminação feminina etc. e, se entrarmos no campo do professorado, podemos observar uma falta clara de limites das funções do professorado, dos quais se exige resolver os problemas derivados do contexto social e que este já não soluciona, e o aumento de solicitações e

---

1. As ideias expostas neste livro foram desenvolvidas em diversos artigos e textos publicados em espanhol nos últimos anos. Ver, por exemplo: Imbernón, F. *La formación permanente del profesorado. Nuevas ideas para formar en la innovación y el cambio.* Barcelona: Graó, 2007.

competências no campo da educação com a consequente intensificação do trabalho educativo (o que faz com que se executem muitas coisas e muitas malfeitas), colocando a educação no topo das críticas sociais. E um longo et cetera.

Isso não se resolve com um tipo de formação permanente que, apesar de tudo e de todos, permanece, predominantemente, dentro de um processo de lições ou conferências-modelo, de noções ministradas em cursos, de uma ortodoxia de ver o modo de formar, de cursos padronizados implementados por *experts*, nos quais os professores são considerados como ignorantes ("estupidização", como diria Macedo, [1994] e eu acrescentaria "estupidização formativa") que participam de sessões formativas com *experts* que os "culturizam e iluminam" profissionalmente; nem tanto o que vem sendo pregado há tempo: processos de pesquisa-ação, atitudes, projetos unidos ao contexto, participação ativa do professorado, partir de sua prática, potencializar sua autonomia, aplicação de heterodoxia didática, modelos variados de professorado, planos integrais, criatividade didática na metodologia etc. Para a formação permanente do professorado será fundamental que o método faça parte do conteúdo, ou seja, será tão importante o que se pretende ensinar quanto a forma de ensinar.

No entanto, quero fazer uma observação antes de dar início à aventura de ler este livro, evitando assim pecar por ingenuidade. Tenho consciência de que, hoje em dia, não podemos falar nem propor alternativas para a formação permanente sem antes analisar o contexto político e social (de cada país, de cada território) como elemento imprescindível na formação, já que o desenvolvimento das pessoas sempre tem lugar num contexto social e histórico determinado, que influencia sua natureza; isto é, analisar o conceito de profissão docente, situação trabalhista e carreira docente, a situação atual (normativa, política, estrutural...) das instituições educativas, a situação atual do ensino nas etapas infantil, ensino básico e ensino médio, a análise do atual alunato e a situação da infância e da adolescência nas diversas etapas numa escolarização total da população (em alguns países). Não podemos separar a formação do contexto de trabalho ou nos enganaremos no discurso. Assim, tudo o que se explica não serve para todos nem em todo lugar. O contexto condicionará as práticas formativas e sua repercussão no professorado e, é claro, a inovação e a mudança. Por exemplo, a situação trabalhista condicionará os modos de formar e, obviamente, a inovação. A um professor ou professora mal remunerado e em condições de miséria não é possível exigir tarefas de muita inovação e mudança (como diz o adágio clássico *primum vivere deinde filosofare*).

1
Os avanços na formação
permanente do professorado

No conhecimento teórico e na prática da formação permanente do professorado houve avanços, não podemos negar, mas faz poucos anos (poucos, se comparamos com outras disciplinas ou temáticas educativas) que analisamos, pesquisamos e escrevemos sobre isso.[1] Refiro-me tanto às análises teóricas como às práticas de formação. Alguns poderiam argumentar que a preocupação por formar professores, a formação inicial, é muito mais antiga e já vem de séculos. E é verdade, a formação inicial de mestres foi exercida de uma forma ou outra desde a Antiguidade, desde o momento que alguém decidiu que outros educariam seus filhos e alguém teve de se preocu-

---

1. Poderíamos dizer que a situação atual é similiar à que ocorria nos anos 80, com a questão do ensino e do currículo (embora com vieses diversos, visto que as origens e a situação atual são diferentes).

par por fazê-lo. Mas a inquietude por saber como (tanto na formação inicial e mais na permanente), de que modo, com quais pressupostos, com que modelos, quais modalidades formativas podem gerar maior inovação e, sobretudo, a consciência de que o que pretendemos saber deve ser revisto e atualizado à luz dos tempos atuais, trata-se de uma preocupação bem mais recente.

Ao abordarmos a formação permanente, o conhecimento que se criou sobre ela nos últimos decênios nasce numa época de mudanças vertiginosas, em que tudo o que nasce, o que se cria, o que projeta etc., já no momento em que surge, começa a se tornar obsoleto e caduco. Isso obriga a propor uma reconceitualização constante, isto é, a uma reflexão de zonas intermediárias da prática como são a singularidade, a incerteza e o conflito de valores (Schön, 1992) e a uma indagação perene sobre a formação do educador, inicial ou permanente. É aí que aparecem problemas, já que é mais fácil fixar-se no que — embora mais mal do que bem — tem funcionado, sem arriscar-se em coisas novas, apesar de necessárias.

Se analisarmos a maioria dos estudos sobre a formação permanente, observamos que foi passando de uma fase descritiva, com muitos textos sobre o assunto, a uma mais experimental, sobretudo pelo auge ou extensão dos centros de professores, mestres ou similares e o interesse político (ou intervencionista) sobre o tema, refletindo-se nas políticas institucionais, nas pesquisas e nas publicações. Durante os anos 80-90-2000, levaram-se a cabo centenas de programas de formação permanente do professorado, cuja análise rigorosa permitiria lançar alguns deles ao cesto do lixo, mas outros apresentam novas propostas e reflexões sobre o tema que podem ajudar a construir o futuro.

Porém, já não estamos no último terço do século XX, no qual se avançou tanto. Estamos no século XXI. São tempos diferentes para a educação e a formação. E com a chegada do novo século, é como se faltasse algo para voltar a tomar impulso. Também pode ser meu olhar. No entanto, quando olho ao redor dos pátios das escolas, dos institutos e das cantinas das universidades, vejo poucas mudanças, uma maior desmobilização do setor educativo, as revistas educativas vendem menos e reduzem suas tiragens, assim como a leitura de textos de caráter pedagógico, o que traz como consequência pensar que muitos que se dedicam ao nobre ofício de ensinar não leem, ao menos não o suficiente. Também, muitos formadores, formadores de opinião, desapareceram do mapa profissionalizante ou divulgador (atos, jornadas, congressos, debates...). Alguns, já mais velhos, acreditaram na última reforma, a dos anos 90 e, cansados de dizer que "não era isso", já não falam ou preferem se recluir na pré-aposentadoria, nos gabinetes de qualquer administração ou nas confortáveis salas da Universidade. Outros já alertavam, segundo eles, e se refugiam em seus afazeres (a maioria era e é composta por professores universitários) ou fazem críticas destrutivas contra tudo (agora pode se fazer e você não é tachado de conservador, é possível que até ocorra o contrário) e alguns se vendem ao poder, seja midiático ou político do ensino, apoiando com sua presença, com seu silêncio suspeito ou seus informes técnicos aqueles que atualmente governam, seja com políticas mais ou menos conservadoras ou liberais, a educação do país respectivo. Alguns poucos continuam na brecha, alguns a tornaram tão profunda que não conseguem sair dela e estão encrustados na crítica feroz, outros acreditam que ainda é possível fazer muitas coisas e que logo tempos melhores virão. Além disso, em muitas partes deste planeta, pode-se fazer pouco, já que muitos professores estão ainda hoje beirando a pobreza. Como dizia o poeta, o nível cultural de um país se comprova pelo salário de seus docentes. E muitos países têm um nível cultural excessivamente baixo, com seus docentes mal remunerados.

Cabe constatar, porém, que tantas coisas necessárias e tantas análises nos desorientam e que a desorientação de que padecemos (ou ao menos eu) é porque, buscando alternativas, avançamos pouco no terreno das ideias e nas práticas políticas para ver o que significa uma formação baseada na liberdade, na cidadania e na democracia.

É difícil, com um pensamento educativo único predominante (currículo igual, gestão idêntica, normas iguais, formação igual para todos etc.) desmascarar o currículo oculto que se transmite na formação do professorado e descobrir outras maneiras de ver a educação e de interpretar a realidade. A educação e a formação do professorado devem romper essa forma de pensar que leva a analisar o progresso e a educação de um modo linear, sem permitir a integração de outras formas de ensinar, de aprender, de organizar-se, de ver outras identidades sociais, outras manifestações culturais e ouvir-se entre eles e ouvir outras vozes, marginalizadas ou não. Mais adiante tentaremos isso.

Embora há algum tempo os contextos já estivessem mudando vertiginosamente, é nesta época que esses contextos sociais que condicionam a formação refletem uma série de forças em conflito: aparece a nova economia, a tecnologia desembarca com grande força na cultura, a globalização se torna patente, muitos daqueles mestres combativos já contam com certa idade etc. Começa a surgir uma crise da profissão de ensinar. Tem-se a percepção de que os sistemas anteriores não funcionam para educar a população deste novo século, os edifícios não são adequados para uma nova forma de ver a educação, cada vez assume mais importância a formação emocional das pessoas, a relação entre elas, as redes de intercâmbio, a comunidade como elemento importante de educação. Assim o professorado reduz sua assistência à formação "de toda a vida", baixa a sua motivação para fazer coisas diferentes, corre poucos riscos e, sobretudo, a inovação surge como um risco que poucos querem correr (para que correr riscos se ninguém o valorizará ou, pelo contrário, o reprimirá?). E as administrações educativas não se atrevem a possibilitar novas alternativas de mudança, já que estas hão de partir de pressupostos diferentes e de colocar tudo em quarentena. O professorado fica com medo e não se atreve.

Aparece a crise institucional da formação, pois se considera que o sistema educativo do século anterior é obsoleto. É preciso uma nova forma de ver a educação, a formação e o papel do professorado e do alunato. Abre-se uma imensa pausa, na qual estamos instalados, alguns incomodamente. Esse desconforto leva à busca de novas coisas, a começar a ver se é possível vislumbrar alternativas e antigas e novas vozes começam a superar sua afonia para narrar o que sabem sobre o ensino e a formação.

Ganha terreno a opção que não deseja apenas analisar a formação como o domínio das disciplinas científicas ou acadêmicas, mas sim que propõe a necessidade de estabelecer novos modelos relacionais e participativos na prática da formação. Isso nos conduz a analisar o que aprendemos e o que temos ainda para aprender.

Porém, também é verdade que nos últimos anos, sobretudo naqueles países em que governou ou governa a direita conservadora, aplicando um neoconservadorismo galopante para a educação, adveio o "desânimo", ou talvez o desconcerto, não só entre o coletivo de professores e professoras, mas também em todos os que de uma forma ou outra se preocupam com a formação. Desânimo, desconcerto ou consternação difícil de concretizar, fruto de um acúmulo de variáveis que convergem e entre as quais é possível citar o aumento de exigências com a consequente intensificação do trabalho educativo, manutenção de velhas verdades que não funcionam, a desprofissionalização originada por uma falta de delimitação clara das funções do professorado, a rápida mudança social e, provavelmente, um tipo de formação permanente que parece decantar-se de novo para um modelo aplicacionista-transmissivo (de volta para trás ou "voltar para ao básico, ou ficar onde sempre esteve, de lições modelo, de noções, de ortodoxia, de professor e professora eficaz e bom, de competências a assumir para ser um bom docente etc., um retorno ao passado, fruto das políticas neoconservadoras); isto é, que mostra a orientação do formador ou formadora para a solução dos problemas do professorado, em vez de aprofundar num modelo mais regulador e reflexivo (pesquisa-ação, heterodoxia, modelos variados, com respeito à capacidade do docente, criatividade didática), em cujo âmbito o(a) formador(a) ou assessor(a) é mais um diagnosticador de obstáculos formativos e em que provavelmente a vertente contextual, diversa e pessoal do professorado tem muito a dizer e a contribuir.

Exponho a seguir, para concluir este item, uma pequena e certamente imprecisa genealogia entre o conceito de conhecimento e sua relação com a formação. Embora todas as etapas se sobreponham e perdurem ao longo da formação, exponho aquelas nas quais o discurso se concretizou em seu momento ou vai-se tornando predominante.

CORTEZ EDITORA

2
As mudanças sociais orientam-nos o caminho

É preciso analisar o que funciona, o que devemos abandonar, o que temos de desaprender, o que é preciso construir de novo ou reconstruir sobre o velho. É possível modificar as políticas e as práticas da formação permanente do professorado? Como as mudanças atuais repercutem na formação do professorado?

Sem mais preâmbulos, creio que as mudanças repercutem muito e que podem sim oferecer pistas para gerar alternativas. Se analisarmos esse contexto, podemos encontrar importantes elementos que influenciam na educação e na formação do professorado. Entre eles, destacamos:

- Um incremento acelerado e uma mudança vertiginosa nas formas adotadas pela comunidade social, no conhecimento científico (com uma aceleração exponencial) e nos produtos do pensamento, da cultura e da arte. Se nos dedicarmos à cultura, esse incremento e mudança obrigar-nos-á a mudar nossa perspectiva sobre o que se deve ensinar e aprender.

- Uma evolução acelerada da sociedade em suas estruturas materiais, institucionais e formas de organização da convivência, modelos de família, de produção e de distribuição, que se refletem numa transformação das formas de viver, pensar, sentir e agir das novas e velhas gerações.

- As vertiginosas mudanças dos meios de comunicação de massas e da tecnologia subjacente, que foram acompanhados de profundas transformações na vida pessoal e institucional, puseram em crise a transmissão do conhecimento de forma tradicional (textos, leituras etc.) e, portanto, também as instituições que se dedicam a isso.

- Uma análise da educação que já não é patrimônio exclusivo dos docentes, mas de toda a comunidade e dos meios de que esta dispõe, estabelecendo diferentes e novos modelos relacionais e participativos na prática da educação, em que o contexto pode ser mais influente que a educação regrada.

- Uma sociedade multicultural e multilíngue na qual o diálogo entre culturas suporá um enriquecimento global e onde será fundamental viver na igualdade e conviver na diversidade, mas que, estando preparados para isso, provoca muita angústia social e educativa.

- Um professorado que compartilha o poder da transmissão do conhecimento com outras instâncias socializadoras: televisão, meios de comunicação de todo tipo, redes informáticas e telemáticas, maior cultura social, educação não formal...

- A relevância que adquire na educação a bagagem sociocultural (por exemplo, a comunicação, o trabalho em grupo, os processos, a elaboração conjunta de projetos, a tomada de decisões democrática etc.) para além das típicas matérias científicas.

- Uma forma diferente de chegar ao conhecimento (selecionar, valorizar e tomar decisões) que requer novas habilidades e destrezas e que para trabalhá-las nas aulas e nas instituições, será preciso que o professorado pratique.

- Uma crescente desregulação do Estado com uma lógica de mercado e um neoliberalismo[1] ideológico complementado com um neoconservadorismo[2] que vai impregnando o pensamento educativo e muitas políticas governamentais.

---

1. Entendemos como neoliberalismo a ideologia conservadora que baseia suas políticas numa racionalidade econômica, primando o privado como melhor diante do público, que é visto como negativo e com a concepção de pessoa como capital humano (para ampliar, ver Apple, 2002).

2. O neoconservadorismo anseia pelo passado e tenta retornar a políticas e práticas educativas anteriores, com a desculpa de uma maior exigência e nível acadêmico (ver Apple, 2002).

E não podemos esquecer o auge de zonas de uma grande "neomiséria" ou "pobreza endêmica"[3] (conforme a Organização das Nações Unidas, no ano 2000, havia 100 milhões de crianças vivendo ou trabalhando nas ruas), e uma camada da população (alunato, famílias, vizinhos...) imbuída de analfabetismo cívico numa cultura urbana de marginalidade, em que a educação pode ser fundamental para superar a exclusão social, mas que, muitas vezes, a potencializa.

E como influenciam na formação do docente? Vejamos alguns aspectos:

- O questionamento da pura transmissão nocionista e conceitual do conhecimento formativo mediante modelos em que o professorado é um objeto subsidiário, demandando outros conteúdos formativos mais baseados em habilidades e atitudes.

- A importância do trabalho em equipe e do verdadeiro colegiado.

- O desconforto de práticas formativas baseadas em processos de um *expert* infalível ou acadêmico (em que o professorado é tido como um ignorante que assiste a sessões que pretendem "culturizá-lo" profissionalmente) que tenta solucionar os problemas do professorado (muitas vezes sem experiência

---

3. A "neomiséria" ou "pobreza endêmica" é provocada por ter-se nascido e viver num determinado lugar, estando condenado à exclusão social.

prática do(a) formador(a), demandando metodologias diferentes na formação.

- A introdução, embora lenta, da capacidade do professorado de gerar conhecimento pedagógico mediante seu trabalho prático nas instituições educativas, que o dotará de maior dignidade e autonomia profissional, já que lhe permite gerar inovações com seus colegas.

- O fator da diversidade e da contextualização como elementos imprescindíveis na formação (a preocupação pela cidadania, pelo meio ambiente, pela diversidade, pela tolerância etc.) e que o desenvolvimento e a diferença entre as pessoas sempre tem lugar num contexto social e histórico determinado, que influi em sua natureza. Isso desencadeará um questionamento de práticas uniformizantes e potencializaria a *formação a partir de dentro*, na própria instituição ou no contexto próximo a ela, onde se produzem as situações problemáticas que afetam o professorado. Do meu ponto de vista, acredito que estes dois elementos; a diversidade e a contextualização; nos permitem ver a formação docente a partir de outro olhar e provocam reflexões diferentes sobre o que fazer nas políticas e práticas de formação.

Ninguém deveria duvidar (embora baste verificar os salários de muitos docentes latino-americanos para perceber que muitos políticos sim duvidam disso) de que qualquer reforma da estrutura e do currículo do Sistema Educativo — e sua inovação quantitativa e qualitativa, sobretudo nesta última — deve contar com o apoio do professorado e com sua atitude positiva logo de cara para capacitar-se nas mudanças. Em qualquer transformação educativa, o professorado deve poder constatar não só um aperfeiçoamento da formação de seus alunos e do Sistema Educativo em geral, mas também deve perceber um benefício profissional em sua formação e em seu desenvolvimento profissional. Esta percepção/implicação será um estímulo para levar à prática o que as novas situações demandam. Este é um aspecto fundamental, ao menos para aqueles que consideram o professorado como peça fundamental de qualquer processo que pretenda uma inovação real dos elementos do Sistema Educativo, já que são eles, em primeira e última instância, os executores das propostas educativas, os que exercem sua profissão em escolas concretas, inseridas em territórios com necessidades e problemáticas específicas.

A reforma educativa (ou da educação) e as estruturas de formação têm sido copiadas umas de outras (começando pela "inspiração" reformista espanhola) e foram-se ajustando depois a algumas realidades conforme a procedência do financiamento e dos consultores de plantão. No entanto, a perspectiva é, sem dúvida, a mesma. A rejeição de muitos docentes à reforma ou aos programas de formação deve-se a essa falta de sensibilidade (diga-se no mínimo) de contar com aqueles que levarão a cabo as mudanças ou de ver a corrupção de quem os promovem.

De outro ângulo, por querer realizar as mudanças sem afrontar o desenvolvimento profissional.

Qualquer inovação que se pretenda levar a cabo mediante a formação não pode "negligenciar" nem as relações trabalhistas do professorado com a Administração educativa correspondente, nem a adequação do professorado dentro do Sistema em função da idade, das expectativas de ascenção trabalhista, da especialidade docente ou da formação (Bertold Brecht dizia, com muita razão, que uma civilização se revela pelo salário de seus docentes). Porém, não é o aspecto salarial a única coisa que é preciso rever, mas, sim, as relações de trabalho em geral. Em muitos países latino-americanos, há ainda muitos mestres interinos, empíricos ou de categoria similar que são mestres sem formação nem crédito, ou mestres de um dia devido a distância da escola e à falta de meios para chegar ou ficar. Falar de formação permanente e de desenvolvimento profissional do professorado nessas circunstâncias parece mais uma tentativa de fingir adequar-se a certas modas reformistas do que a atender à realidade de uma mudança da educação e do professorado.

- Tudo o que foi relatado anteriormente e muito mais que o explicitado, para não alongar demais a lista, demanda desenvolver (e reivindicar) em e com o professorado novas competências profissionais, no âmbito de um conhecimento pedagógico, científico e cultural revisto numa nova escolarização democrática da sociedade, para poder transmitir aos futuros cidadãos e cidadãs certos valores e modos de comportamento democrático, igualitário, respeitoso da diversidade cultural e social do meio ambiente etc. Assumir essas novas competências comporta uma nova forma de exercer a profissão e de formar o professorado nessa complexa sociedade do futuro, complexidade esta que se verá incrementada pela mudança radical e vertiginosa das estruturas científicas, sociais e educativas que são as funções de caráter institucional do Sistema Educativo. Em definitivo, o futuro requererá um professorado e uma formação inicial e permanente muito diferente, pois a educação e o ensino (e a sociedade que a envolve) serão muito diferentes. Paradoxalmente, a formação tem, por um lado, que se submeter aos desígnios desse novo ensino e, por outro, deve exercer ao mesmo tempo a crítica diante das contradições do próprio sistema educativo e do sistema social.

Se começássemos a refletir sobre o que a evidência da teoria e da prática formativa dos últimos anos nos mostra e deixarmos de nos levar pelo que a tradição formativa nos diz e propõe e colocamos nossos (pré)conceitos sobre a formação em quarentena e em discussão, quiçá possamos começar a ver as coisas de outro modo e tentar mudar e construir novas formas de ver o ensino e a formação do professorado para transformar a educação e contribuir para uma sociedade mais justa.

3
O que aprendemos?

Podemos dizer que, nos últimos tempos, há um conjunto de características com respeito à formação permanente do professorado que é preciso considerar:

- A formação permanente do professorado requer um clima de colaboração e sem grandes reticências ou resistências entre o professorado (não muda quem não quiser mudar, ou não se questiona o que faz aquele que pensa que está muito bem), uma organização minimamente estável nos centros (respeito, liderança democrática, participação de todos os membros etc.) que dê apoio à formação e uma aceitação que existe uma contextualização e diversidade entre o professorado e que isso leva a maneiras de pensar e agir diferentes. Tudo isso contribui para conseguir uma melhoria na aceitação de mudanças e de inovação das práticas.

Também é verdade que tudo isso não é suficiente. É preciso apoio externo. Boa parte das inovações, os programas para a melhoria da qualidade de ensino e as propostas de formação permanente são promovidas pelas administrações estatais, autonômicas e locais, e a conclusão à que chegam as pesquisas não por ser algo óbvio resulta menos relevante, é mais importante o apoio real e efetivo que os centros recebem, em especial quando devem assumir riscos vinculados à experimentação, que as boas intenções ou palavras em documentos (ou seja, receber recursos).

- Considera-se fundamental que, no momento do planejamento, execução e avaliação dos resultados da formação, o professorado participe no processo da mesma e suas opiniões sejam consideradas.

Somente quando o professorado vê que o novo programa formativo ou as possíveis mudanças da prática que lhes é oferecida repercutem na aprendizagem de seus estudantes, mudam suas crenças e atitudes de forma significativa e supõe um benefício para o alunato e a forma de exercer a docência, então, abre-se a forma de ver a formação não tanto como uma "agressão" externa, mas como um benefício individual e coletivo.

- Apoiar o professorado em suas aulas, seja por parte dos colegas ou por um assessor externo, parece fundamental para levar certas formas de trabalho para a classe.

A maior parte do professorado recebe poucas devolutivas sobre a sua atuação na sala de aula e, algumas vezes, manifestam a necessidade de saber como estão enfrentando a prática diária para aprender a partir dela. No entanto, falamos de formação não de avaliação, já que se tomarmos como avaliação não se considera como uma ajuda, mas como uma reprovação.

Atualmente, a observação e a ajuda entre os pares estão demasiadamente marcadas pelo individualismo e o professorado considera sua classe como um lugar privado, ao qual apenas se tem acesso a partir de uma posição de autoridade (o inspetor para avaliá-lo, o pesquisador para obter dados) e não para gerar um conhecimento que contribua para a formação do próprio docente.

A observação e a valorização do ensino permitem ao(a) professor(a) dados sobre os quais possa refletir e analisar para favorecer o aprendizado dos alunos. A reflexão individual sobre a própria prática pode melhorar com a observação de outros. Sobretudo, porque a docência ainda é uma profissão isolada, que normalmente tem lugar sem a presença de outros adultos e, por isso, os professores não se beneficiam das observações de outros. Ter o ponto de vista de outro oferece ao docente uma perspectiva diferente de como ele ou ela atua com os estudantes. Além disso, a observação e a valorização beneficiam tanto o professor (ao receber uma devolutiva de um colega) como o observador (pela própria observação, a devolutiva, a discussão e a experiência em comum). Se o(a) professor(a) aceita que possa aprender a partir da observação, poderá perceber que a mudança é possível e que esta vai-se tornando efetiva a partir de sucessivas observações, pois favorece a mudança em suas estratégias de atuação como na aprendizagem dos estudantes. Será necessário realizar uma reunião antes da observação na qual se estabelece a situação problemática que será revista, decide-se o sistema de observação a ser utilizado e se estabelece a previsão dos problemas que possam ser encontrados. Depois da observação, reflete-se sobre o processo seguido, os aspectos relevantes encontrados durante a sessão (e também os não esperados nem previstos nos objetivos, se isso for acordado com antecedência) e sobre as mudanças a serem introduzidas.

Segundo Day (2005), também é preciso considerar as desvantagens ou, como prefiro com mais precisão, inconvenientes da observação:

1. As crianças e os adolescentes podem reagir diante da presença de um adulto de forma a provocar um comportamento atípico.

2. A observação pode levar tempo e ser contraproducente — os críticos amistosos devem passar tempo juntos antes e depois do trabalho observado.

3. Os críticos amistosos têm de ser ou transformar-se em pesquisadores comprometidos, com elevado nível de destrezas de comunicação.

- A formação do professorado está influenciada tanto pelo contexto interno (a escola) como pelo contexto externo (a comunidade).

Há um consenso entre os especialistas de que a melhoria da escola requer um processo sistêmico (Fullan,

2002), o que supõe que as mudanças numa parte do sistema afetam os demais. Portanto, a formação do professorado influencia e recebe a influência do contexto no qual tem lugar e esta influência condiciona os resultados que possam ser obtidos.

Todos os estudos confirmam a visão da necessidade de uma série de requisitos organizativos para que a formação permanente possa resultar muito mais frutífera:

— que as escolas tenham um conjunto de normas assumidas de maneira colegiada e na prática;

— que os representantes da Administração que trabalham com o professorado deixem claros os objetivos que pretendem com a formação e apoiem os esforços do professorado para mudar sua prática;

— que os esforços nas mudanças curriculares, no ensino, na gestão da classe contribuam para o objetivo último de melhorar a aprendizagem dos alunos;

— por último, que uma formação permanente mais adequada, acompanhada pelo apoio necessário durante o tempo que for preciso, contribui para que novas formas de atuação educativa se incorporem à prática.

4

Também aprendemos que há obstáculos a transpor

No entanto, há também obstáculos para a formação. É paradoxal contemplar que muitos dos obstáculos que a formação do professorado encontra podem facilmente se transformar em limitadores para a resistência por parte de algum setor do mesmo. Ou, ainda, que esses obstáculos sejam motivo de uma cultura profissional que culpa o professorado sem oferecer resistência e luta para conseguir uma melhor formação e um maior desenvolvimento profissional. Entre esses obstáculos, destacamos:

- a falta de uma coordenação real e eficaz entre a formação inicial do professorado dos diversos níveis educativos (e não me refiro à coordenação com a formação permanente);

- a falta de coordenação, acompanhamento e avaliação por parte das instituições e serviços envolvidos nos planos de formação permanente. Valoriza-se mais a quantidade de coisas realizadas do que a qualidade do que se executa;

- em muitos países, a falta de descentralização das atividades programadas impede que muitos professores tenham a oportunidade de participar da formação;

- o predomínio da improvisação nas modalidades de formação. Embora as modalidades formativas costumem ser de caráter grupal, na verdade se dirigem ao indivíduo, que pode aprender questões concretas normalmente distantes de suas preocupações práticas. Por essa razão, não costuma ter um elevado impacto na prática de sala de aula nem potencializa o desenvolvimento profissional;

- a definição ambígua de objetivos ou princípios de procedimento formativos (a orientação da formação, ou seja, o saber o que se pretende). Ou, devido à confusão de coisas novas e coisas velhas, estabelecem-se alguns princípios de discurso teórico indagativo e discurso prático de caráter técnico, individual ou de treinamento docente;

- a falta de orçamento para atividades de formação coletiva e, ainda mais, para a formação autônoma nos centros educativos;

- horários inadequados, sobrecarregando e intensificando a tarefa docente;

- a falta de formadores ou assessores de processo e, entre muitos dos existentes, uma formação baseada num tipo de transmissão normativo-aplicacionista ou em princípios gerencialistas que os leva a assumir um papel de especialista e não de acompanhante;

- a formação em contextos individualistas, personalistas. Isso não significa que quando se transmite uma mesma informação ou se apresenta uma experiência a um grupo de professores, cada um a incorpora depois de forma diferente em sua prática, sendo capaz de propor necessidades diferentes. O contexto individual significa que o processo de formação se produz descontextualizado, sem considerar a realidade de cada professor ou do coletivo, voltando-se à melhoria da cultura do docente, mas não à mudança e à inovação;

- a formação vista apenas como incentivo salarial ou de promoção e não como melhoria da profissão que pode provocar uma burocratização mercantilista da formação.

5

Novas tendências na formação permanente do professorado

Em todos os países, em todos os textos oficiais, em todos os discursos, a formação permanente ou capacitação começa a ser assumida como fundamental para alcançar o sucesso nas reformas educativas. No entanto, já não é tão habitual que se estabeleçam estruturas e propostas coerentes que possibilitem uma maior inovação dos processos educativos das instituições de ensino e, muito menos, nestes tempos, em que predominam governos de cunho conservador e políticas neoliberais (com algumas exceções e muitas contradições). Muitos países lançam, literalmente, os poucos recursos destinados à capacitação do professorado ao grande lixo da inutilidade. Paradoxalmente, há muita formação e poucas mudanças. Talvez seja porque ainda predominem políticas e formadores que praticam com afinco e entusiasmo uma formação transmissora e uniforme, com um predomínio de uma teoria descontextualizada, válida para todos, estejam onde estiverem, distante dos problemas práticos reais, com base num professor médio que não existe. Mesmo sabendo o discurso já antigo (de meados dos anos 1980), a formação deve aproximar-se à escola e partir das situações problemáticas dos professores, mas não é isso o que acontece, a formação e os projetos nos centros continuam sendo uma eterna reivindicação. E se a formação não estiver acompanhada de mudanças contextuais, trabalhistas, de premiação, de carreira, de salário, pode-se ainda "culturizar o mestre", até criar-lhe uma identidade enganosa, mas sem torná-lo mais inovador.

Atualmente, programa-se e se oferece muita formação, mas também é evidente que há pouca inovação ou, ao menos, a inovação não é proporcional à formação que existe. Talvez um dos motivos seja que ainda predomina a formação de caráter transmissora, com a supremacia de uma teoria ministrada de forma descontextualizada, distante dos problemas práticos do professorado e de seu contexto, baseada num professorado médio, que tem uma problemática sempre comum, mesmo ciente de que nenhuma dessas coisas existem.

Pode se pensar que a solução é fácil: rever os processos de formação que não provocam inovação, como já se sabe, e pronto; mas não é tão fácil. A solução não está somente em aproximar a formação ao professorado e ao contexto sem gerar uma nova cultura formativa que produza novos processos na teoria e na prática da formação, introduzindo-nos em novas perspectivas e metodologias, por exemplo: as relações entre o professorado, os processos emocionais e atitudinais dos docentes, a formação em uma e para a complexidade docente, a crença (ou a autocrença) da capacidade de gerar conhecimento pedagógico nos próprios centros com os colegas, a mudança de relações de poder nos centros, a possibilidade da autoformação, o trabalho em equipe e a comunicação entre colegas, a formação com a comunidade... Isso implica, por que não, deixar de lado ou complementar a formação estritamente disciplinar e de questões genéricas sociopsicopedagógicas que podem levar, quando apenas elas se dão na formação, à ausência, ao abandono, à desmoralização, à rotinização de tomar a formação como algo alheio e ao cansaço da formação permanente. Torres (2006, p. 44) alude à pobreza das políticas de atualização do professorado como um dos motivos da desmotivação docente já que "(existe) um tipo de política de atualização e incentivo do professorado que muito raras vezes tem repercussões sobre a qualidade dos projetos educativos nos quais está envolvido em seus centros escolares".

Isso leva a pensar que é necessária uma reestruturação moral (como compromisso de melhoria do alunato e da sociedade) e intelectual (é claro que primeiro estrutural), uma reestruturação a partir de posturas críticas, mas novas, para recuperar o que uma vez se sonhou e nunca se alcançou e sonhar de novo. Como diria um treinador de futebol, recuperar a vontade de jogar e o protagonismo (os jogadores) merecido.

A reestruturação moral, intelectual e profissional do professorado passa pela recuperação por parte do professorado do controle sobre seu processo de trabalho (incluída a formação), desvalorizado em consequência da grande fragmentação curricular, produto do neotecnocratismo das últimas reformas do século XX, das políticas reformistas precipitadas, do poder introduzido nos estabelecimentos escolares como mecanismo de decisão e não de relação, do isolamento obrigatório do professorado, da rotinização cansativa, da homogeneidade prática, da mecanização trabalhista etc. O objetivo dessa reestruturação deveria ser ressituar o professorado para ser protagonista ativo de sua formação em seu contexto trabalhista, no qual deve combinar as decisões entre o prescrito e o real, aumentar seu autoconceito, sua consideração e seu *status* trabalhista e social. E isso será conseguido mediante a mudança de políticas educativas auxiliadas pela reivindicação dos professores, reivindicação de uma maior autonomia profissional, de sua capacidade para se formar e gerar mudanças, da possibilidade de que lhe permitam realizar um verdadeiro *colegiado* entre colegas, que lhe permitam ser criativos nos avatares profissionais sem ser censurados e que lhe deixem uma maior participação com todos os que intervêm na educação da infância e da adolescência.

Uma reestruturação profissional do professorado e de sua formação precisa se opor frontalmente a toda manifestação explícita ou oculta da racionalidade técnica que, com outros nomes e procedimentos, nos leva de volta ao passado (competências, planos estratégicos, qualidade, eficiência, eficácia...), sem análise, seja nos conteúdos curriculares ou nas formas de gestão, seja no controle técnico-burocrático da educação e da formação.

É preciso assumir uma perspectiva crítica em educação e formação. No entanto, hoje, refugia-se sob o guarda-chuva dessa denominação todo aquele que, a partir de uma análise das diversas formas de desigualdade e opressão, tanto na escola como na sociedade, se propõe à militância pedagógica e à ação solidária para desenvolver uma nova cultura profissional alternativa do professorado e uma nova prática educativa, formativa e social numa função libertadora dos indivíduos; desmascarar o *regime de verdade*, como diria Foucault (1979). Volta-se a tomar como referência (depois de tanta referência e fastio anglo-saxão) o trabalho de Paulo Freire[1] que nos serve para analisar a tantas vezes denunciada falácia da neutralidade escolar, da formação técnica do professorado, para construir uma noção da educação mais politizada com um compromisso baseado na liberdade das pessoas e não na dominação, e para falar também de formação colaborativa e dialógica como processo de diálogo entre o professorado e todos aqueles componentes que intervêm na formação e para desenvolver uma pedagogia da resistência, da esperança, da raiva ou da possibilidade. Realizar a denúncia e propor a anunciação dos processos inseparáveis, segundo Freire. O compromisso da mudança passa pela análise das con-

---

1. Uma leitura recomendável do pensamento de Paulo Freire pode ser encontrada em: Freire, Ana Maria Araújo; Oliveira, Ivanilde Apoluceno de. *Pedagogia da libertação em Paulo Freire*. São Paulo: Unesp, 2001. (Edição espanhola: Araujo Freire, A. M. *La pedagogía de la liberación en Paulo Freire*. Barcelona: Graó, 2004.)

tradições e por denunciá-las, buscando alternativas de mudança.

Convém gerar um amplo questionamento da atual situação e influenciar novas propostas de formação permanente do professorado, nas quais adquiram importância novos elementos que, embora disseminados na literatura, no vocabulário pedagógico, ainda distam muito de serem postos em prática nas políticas e nas práticas de formação:

- a reflexão sobre a prática num contexto determinado;

- a criação de redes de inovação, comunidades de prática, formativas e comunicação entre o professorado;

- a possibilidade de uma maior autonomia na formação com a intervenção direta do professorado;

- partir dos projetos das escolas para que o professorado decida qual a formação de que necessita para levar adiante o desenho, a colocação em prática e a avaliação do projeto; e

- sobretudo, como ideia-eixo, mais do que ter a intenção de "atualizá-los", potencializar uma formação que seja capaz de estabelecer espaços de reflexão e participação para que "aprendam" (mais aprendizagem do que ensino na formação) com a reflexão e a análise das situações problemáticas dos centros e que partam das necessidades democráticas (sentidas) do coletivo para estabelecer um novo processo formativo que possibilite o estudo da vida na aula e no centro, os projetos de mudança, o trabalho colaborativo como desenvolvimento fundamental da instituição educativa e do professorado.

Tudo isso deve proporcionar alternativas baseadas em:

- Uma mudança no tipo de formação individual e coletiva do professorado. A entrada com força no campo da teoria da colaboração como processo imprescindível na formação do professorado, na profissionalização docente e na relação entre o professorado.

- Uma formação não apenas em noções ou disciplinas (chamemos, embora não seja de todo certo, de "conhecimento objetivo"), mas sim num maior "conhecimento subjetivo": autoconceito, conflito, conhecimento de si mesmo, comunicação, dinâmica de grupos, processos de tomada de decisões coletivas... A formação e a reflexão sobre os aspectos éticos, relações, colegiais, atitudinais, emocionais do professorado, que vão além dos aspectos puramente técnicos e "objetivos".

- Criar estruturas (redes) organizativas que permitam um processo de comunicação entre os pares e intercâmbio de experiências para possibilitar a atualização em todos os campos de intervenção educativa e aumentar a comunicação entre o professorado para refletir sobre a prática educativa mediante a análise da realidade educacional, a leitura pausada, o intercâmbio de experiências, os sentimentos sobre o que acontece, a observação mútua, os relatos de vida profissional, os acertos e os erros... que possibilitem a compreensão, a interpretação e a intervenção sobre a prática.

- Partir de situações problemáticas educativas surgidas da análise do coletivo (a formação sempre tentou "dar solução a problemas genéricos" não a situações problemáticas únicas que são as vividas pelo professorado); unir a formação com um projeto de inovação e mudança; potencializar a formação aliada a uma experiência de inovação na instituição educativa com apoio externo, se for possível; possibilitar a inovação institucional que auxilie a mudança de todos mais do que a experiência de inovação (isolada e celular) que pode provocar a mudança circunstancial de uma pessoa. Isso exige que a formação esteja a serviço do projeto elaborado por um grupo. Quando se propõe um projeto, o professorado pode escolher que teoria auxiliará a levá-lo à prática. Parece ser que a relação de inovação-formação não é tanto o binômio teoria-prática como o de prática-teórica.

- Combinar a atualização científica e técnica com a vertente psicopedagógica. Porém, como a cultura profissional de uma quantidade de professores e do professorado, imbuídos pelo modelo existente de formação, pode haver uma tendência a demandar uma formação mais baseada nos conhecimentos do que na transmissão destes, seria preciso propor uma formação em que a vertente sociopsicopedagógica estivesse incluída na atualização científica e técnica. No entanto, com uma metodologia menos transmissora e mais baseada em casos, incidentes críticos, projetos de inovação...

• Desenvolver e incentivar uma cultura colaborativa no centro (análise, experiência e avaliação coletivamente) e de uma maior profissionalização docente através de projetos conjuntos. Mais do que desenvolver, seria melhor que se desenvolvessem; como diz Day (2005, p. 159), "não é possível desenvolver os docentes (na passiva). Que eles se desenvolvam (ativamente)". É mais estimulante para a inovação educativa unir a formação a um projeto de trabalho, não ao contrário (fazer formação e, posteriormente, elaborar um projeto). A mudança no professorado, ao ser uma mudança na cultura profissional, é complexa e muito lenta. Essa complexidade e lentidão comportam uma necessidade de interiorizar, adaptar e viver pessoalmente a experiência de mudança. As mudanças de outros não necessariamente ajudam a mudança de uma pessoa.

• A formação por si só consegue muito pouco se não estiver aliada a mudanças do contexto, da organização, de gestão e de relações de poder entre os professores. O tão mencionado desenvolvimento profissional não recai na formação, mas em diversos componentes que se dão conjuntamente na prática de trabalho do ensino.

- Uma nova formação deve estabelecer mecanismos de *desaprendizagem* para tornar a aprender (aprender a desaprender complementar ao aprender a prender). Mas essa formação promove a inovação e se essa inovação se dá em contextos de escassez provoca nos professores a reivindicação (preciso de ferramentas intelectuais que não possuo e que anteriormente desconhecia). Isso incita uma maior vigilância dos governos que não desejam a reivindicação e, como consequência, estabelecem mecanismos para abortar práticas formativas alternativas, ou práticas formativas inovadoras e críticas, embora constem em seus papéis oficiais e em seus planos de formação. A experiência de algumas administrações é uma boa mostra disso.

Não podemos, porém, evitar pensar que a formação permanente do professorado não pode se separar das políticas que incidem nos docentes. Se quisermos que essa formação seja viva e dinâmica (além de útil, claro), temos de uni-la a uma carreira profissional ou estatuto da função docente que inclua incentivos profissionais e promoção (vertical em diversas etapas e horizontal na mesma etapa) que recompense, ou ao menos, não castigue, aqueles que mais se empenham para o melhor funcionamento dos centros e de sua prática docente não unicamente de forma individual, mas também coletiva, aqueles que realizam práticas alternativas de formação e inovação.

Para criar uma nova alternativa educativa, devemos também analisar e contrapor uma nova visão da educação, que sustenta uma determinada formação, contra os teóricos e práticos do 'perenialismo' ("voltar ao básico", "deve-se ensinar assim", "a democracia é a culpada", "os professores são os culpados", "perderam-se os valores", "é preciso separar e classificar o alunado" etc.) que voltaram a aparecer em alguns Estados e que revelam uma ideologia conservadora e um elitismo academicista, que os leva a considerar certas coisas melhores que outras: por exemplo, a Universidade como ápice do conhecimento formativo, a desconfiança no professor e mais na professora, o discurso teórico como acúmulo de saberes e comparação do intelectual e da tradição cultural ocidental como superior e única, desprezando outras identidades e contribuições culturais.

Contudo, para assumir essa perspectiva crítica e alternativa em educação e formação, é necessário distanciar-se de certos personagens e observar as teses de certa pedagogia e sociologia educativa (muito em voga nos dias de hoje) que se proclamam progressistas, mas cujas propostas com respeito à escola, à sociedade democrática, ao compromisso e ao conteúdo da mudança do ensino e do professorado são muito etéreas e vacilantes.

A formação permanente deveria fomentar o desenvolvimento pessoal, profissional e institucional do professorado potencializando um trabalho colaborativo para transformar a prática. Parece fácil dizer isso, mas como é difícil mudar as políticas e as práticas de formação. Isso implica fugir de políticas de subsídio, de políticas em que se acredita que oferecendo (ou investindo) à formação uma grande quantidade de cursos, seminários ou jornadas, a educação mudará; deixa-se o contexto trabalhista empobrecido, assim como a metodologia de trabalho da prática formativa mais orientada a práticas formativas individuais que a modelos de formação permanente de caráter coletivo, de desenvolvimento e de melhoria do currículo e a processos indagativos em que a base não é a "ignorância do mestre", mas que se confia na capacidade do professorado para gerar inovações através da prática educativa.

Diversas vezes neste livro inserimos a ideia de vincular a formação a um projeto de trabalho do centro (o que não impede a possibilidade de apoio externo por parte de assessores ou assessoras que acompanhem o professorado nesse repensar a prática), para rever os processos da formação no lugar de trabalho onde se dão as situações problemáticas, uma "formação de dentro e para dentro e fora" baseada na revisão conjunta mediante processos reais de pesquisa-ação, no sentido não de ortodoxia metodológica, mas na reflexão sobre o que se faz e a finalidade de mudança coletiva, processo do qual já se escreveu e muito se falou ultimamente, mas que pouco se levou à prática nos centros.

Potencializar o intercâmbio de experiências entre os pares e com a comunidade (dentro de um projeto educa-

tivo comunitário) pode possibilitar também a formação
em todos os campos de intervenção educativa, bem como
aumentar a comunicação entre a realidade social e o
professorado, que é tão necessária numa nova forma de
educar, rompendo o conhecido isolamento, o celularismo
escolar, que impede a inovação institucional nos centros
e territórios e, pelo contrário, gera a inovação individual
(isolada, pessoal e intransferível). O individualismo é per-
cebido por todos, mas este não se remedia nos contextos
políticos educacionais (será por que o professor ou a professora isolada é mais vulnerável às políticas econômicas
e sociais?).

A formação não apenas é aprender mais, inovar mais,
mudar mais ou o que se quiser acrescentar; pode ser um
movimento crítico a práticas trabalhistas como a hierarquia, o abuso de poder, a miséria econômica de muitos
professores, o sexismo, a xenofobia, a proletarização, o
individualismo etc., e promover uma formação mais volta-
da a combater práticas sociais como exclusão, segregação,
racismo, intolerância etc. Além da formação em tímidos
cursos sobre didáticas, sobre temas transversais, trata-se de
gerar verdadeiros projetos de intervenção comunitária nos
territórios. Isso exige políticas e instituições de formação
próximas ao professorado, porém, a experiência demons-
trou que essas instituições (os chamados genericamente
centros de professores, de professorado, de mestres ou
similares) deveriam reunir todos os serviços educativos
da região para estabelecer uma coerência nas políticas e
na prática com o professorado, para poder oferecer ajuda

e acompanhamento à formação mediante assessores e assessoras formados especificamente como assessores de processo, colegas acompanhantes ou amigos críticos.

Já sabemos que a capacidade profissional do professorado não se esgota na formação técnica, disciplinar e nocionista, mas sim alcança o terreno prático e as concepções pelas quais se estabelece a ação docente. A formação permanente deveria apoiar-se, criar cenários e potencializar uma reflexão real dos sujeitos sobre sua prática docente nos centros e nos territórios, de modo que lhes permita examinar suas teorias implícitas, seus esquemas de funcionamento, suas atitudes etc., potencializando um processo constante de autoavaliação do que se faz e analisando o porquê se faz. A orientação formativa (e seus pressupostos políticos que subjazem) rumo a esse processo de reflexão exige uma proposta crítica[2] da organização e da metodologia da formação permanente do professorado, já que deve ajudar os sujeitos a rever os pressupostos ideológicos e atitudinais que estão na base de sua prática. Isto supõe que a formação permanente deve estender-se ao terreno das capacidades, habilidades, emoções e atitudes, devendo-se questionar permanentemente os valores e os conceitos de cada professor e professora e da equipe coletivamente.

A formação distanciada da prática docente deveria ser reduzida, pois nesta primam os aspectos quantitati-

---

2. Questionar as experiências, tradições, pautas, relacionar-se com o contexto, buscar alternativas, aplicar e recuperar a imaginação e passar pelo filtro da dúvida as "verdades certas".

vos sobre os qualitativos e possuem um marcado caráter individualista de origem em modelos transmissivos de caráter tecnocrático, mercantilista e meritocrático por potencializar uma formação mais ligada à prática e que fomente a autonomia do docente na gestão de sua própria formação.

Não trata apenas de reduzir, mas de abandonar o conceito tradicional que estabelece que a formação permanente do professorado é a atualização científica, didática e psicopedagógica (que pode ser recebida escolarizando-se mediante licenças de estudo ou permanências em instituições superiores) de sujeitos ignorantes, em benefício da firme crença de que a formação permanente deverá gerar modalidades que ajudem o professorado a descobrir sua teoria, organizá-la, fundamentá-la, revê-la e destruí-la ou construí-la de novo. Isso abrange uma mudança radical da forma de pensar a formação, já que não supõe tanto o desenvolvimento de modalidades centradas nas atividades da aula, nem ver o(a) professor(a) como um aplicador de técnicas pedagógicas, mas privilegia o comprometimento com uma formação orientada para um sujeito que tem capacidades de processamento da informação, análise e reflexão crítica, decisão racional, avaliação de processos e reformulação de projetos, tanto trabalhistas como sociais e educativos em seu contexto e com seus colegas.

6

A formação permanente do professorado deve incidir nas situações problemáticas do professorado

Historicamente, os processos formativos realizam-se para dar solução a problemas genéricos, uniformes, padrões. Tentava-se solucionar problemas que, se supunha, todo o professorado tinha e que era preciso resolver mediante a solução genérica que os especialistas, no processo de formação, apresentavam. Isso inseriu nos processos de formação certas *modalidades*[1] em que predomina uma gran-

---

1. Com o termo "modalidades" de formação, referimo-nos à análise das práticas e dos conteúdos que se aplicam e compartilham nos processos de formação (o modo). De maneira específica, podemos nos somar à definição administrada pelo MEC (1994), em que define a *modalidade formativa* como "as formas que adotam as atividades de formação do professorado no desenvolvimento dos processos formativos, em virtude de alguns traços que se combinam de diferentes formas em cada caso: o modo de participação (individual ou coletiva), o nível de planejamento da atividade (existência de um projeto ou não, planejamento fechado

de descontextualização do ensino, dos contextos reais dos professores, já que para diferentes problemas educativos era sugerida a mesma solução, à margem da localização geográfica, social e educativa concreta do professor ou professora e de quais foram as circunstâncias que rodeiam tal problema educativo.

Este tratamento da formação como um problema genérico gerou um sistema de formação padrão baseado num modelo de treinamento.[2] Muitos professores estão habituados a participar de cursos e seminários nos quais o ministrante é o *expert* que estabelece o conteúdo e o desenvolvimento das atividades. Num curso ou numa sessão de "treinamento", os objetivos e os resultados esperados estão claramente especificados e costumam acrescentar em termos de conhecimento (por exemplo, explicar os princípios da aprendizagem significativa) ou de desenvolvimento de habilidades (por exemplo, os participantes mostrarão que sabem utilizar na discussão de classe questões sem um esquema preestabelecido).

Neste modelo é o formador quem seleciona as atividades (por exemplo, explicação, leituras, demonstração,

---

ou não etc.), os papéis e interações dos sujeitos que intervêm (organizadores e organizadoras, "especialistas", assessores, participantes), o grau de envolvimento que exige dos participantes e seu maior ou menor grau de autonomia, a dinâmica e a estrutura internas das sessões e as estratégias preferenciais com as que se desenvolvem etc.".

2. Na mente de muitos formadores e professores, "treinamento" é sinônimo de formação permanente e configura o modelo que leva os professores a adquirir conhecimentos ou habilidades por meio da instrução individual ou grupal por um especialista.

jogo de papéis, simulação, explicações) que se supõe que deverão ajudar os docentes a alcançar os resultados esperados.

A concepção básica que apoia "o treinamento" é que há uma série de comportamentos e técnicas que merecem ser reproduzidas pelos professores em sala de aula e para isso são utilizadas modalidades como cursos, seminários dirigidos, oficinas com especialistas ou como se quiser denominá-los, em que a racionalidade predominante era que os significados e as relações das práticas educativas seriam transmitidas verticalmente por um *expert* solucionador de problemas que outras pessoas tinham: os professores e as professoras. A base científica dessa forma de tratar a formação permanente do professorado foi historicamente o positivismo, uma racionalidade técnica que buscava com afinco na pesquisa educativa ações generalizadoras para levá-las aos diversos contextos educativos. A formação mediante exemplos de êxito realizada por outros (sem passar pela contextualização, pelo debate e pela reflexão) tentava dar resposta, sem muito eco, a esse ilusório problema comum.

Com esta poção mágica que o formador-treinador colocava à disposição de todo o professorado assistente, se pretendia de forma ilusória que, mudando o professorado por igual, também se modificariam a educação e suas práticas, sem levar em conta a idiossincrasia das pessoas e do contexto.

É evidente já há tempo que na realidade do professorado não há tantos problemas genéricos, e sim muitas situações problemáticas que se dão em contextos sociais e educativos determinados e, ultimamente, essas situações problemáticas e esses contextos tornaram-se ainda mais complexos. Na formação, o contexto no qual se dão as práticas educativas, ou seja, a própria instituição educativa e a comunidade que esta envolve, assume assim uma importância decisiva.

Em primeiro lugar, encontramos diversas tipologias de professorado. Em segundo, um desempenho profissional diversificado com desenvolvimentos profissionais específicos. Em terceiro, a zona de trabalho: rural, semirrural, urbana, na periferia e o clima de trabalho dentro do centro educativo. Estas características pessoais e os diversos interesses que eles comportam configuram uma série de elementos que tanto podem favorecer a formação como obstaculizá-la mediante o surgimento de certas resistências. Por exemplo, a diversidade pode fazer com que, de um lado, a formação alcance apenas aqueles que já estão predispostos a ela e, por outro, a formação se concentre nos assuntos em que já há um interesse prévio e não naqueles que lhes são necessários. Porém, isso é como a própria vida.

Se a diversidade das práticas educativas é evidente, se o contexto influencia na forma de ensinar e pensar a educação, se é difícil falar de professorado de forma genérica e, mais precisamente, de professor e professora, a alternativa a essa formação padrão e solucionadora de problemas genéricos (ao "treinamento") é a progressiva substituição da formação padrão dirigida por *experts* acadêmicos que dão soluções a tudo, por uma formação que se aproxime às situações problemáticas em seu próprio âmbito, ou seja, à prática das instituições educativas. Uma formação que, partindo das complexas situações problemáticas educativas, auxilie a gerar alternativas de mudança no contexto onde se dá a educação. Ajude mais do que desmoralize a quem não pode colocar em prática a solução do *expert* porque seu contexto não o apoia ou as diferenças são tantas que é impossível replicar a solução (a menos que esta seja rotineira e mecânica).

Na atualidade, observamos que, para mudar a educação, é evidente que o professorado deve mudar, mas também os contextos nos quais este interage. Se o contexto não muda, podemos ter um professorado mais culto com mais conhecimento pedagógico, mas não necessariamente mais inovador, visto que o contexto pode impossibilitar a aplicação da inovação ou mesmo recluir-se em seu microcontexto, não repercutindo na inovação mais institucional.

A formação permanente do professorado na análise da complexidade dessas situações problemáticas requer necessariamente dar a palavra aos protagonistas da ação, responsabilizá-los por sua própria formação e desenvolvimento na instituição educativa na realização de projetos de mudança. A prática teórica, mais do que a teoria-prática usual nas modalidades padrão, se não é apenas teoria-teoria, destaca-se conjuntamente com a reflexão sobre o que ocorre em minha/nossa ação educativa, como elemento importante nesta forma de pensar a formação permanente do professorado.

A formação baseada em situações problemáticas centradas nos problemas práticos responde às necessidades definidas da escola. A instituição educativa se transforma em lugar de formação prioritário mediante projetos ou pesquisas-ações frente a outras modalidades formativas de treinamento. A escola passa a ser foco do processo "ação-reflexão-ação" como unidade básica de mudança, desenvolvimento e melhoria. Não é a mesma coisa que na escola se dê uma inovação, a que a escola seja sujeito ou objeto de mudança.

Portanto, para que se dê essa formação, é preciso promover a autonomia dos centros e as condições necessárias para que se dê esta autonomia: capacidade de mudança e de automudança. Será necessária uma reconstrução da cultura escolar como objetivo não só final, mas também de processo, pois o centro deve aprender a modificar a própria realidade cultural das escolas.

No entanto, para realizar uma formação das situações problemáticas será preciso partir das necessidades reais e que a estrutura escolar contemple a participação das pessoas. Participar na formação significa participar de uma maneira consciente, implicando sua ética, seus valores, sua ideologia que nos permite compreender os outros, analisar seus posicionamentos e suas visões. Também é fundamental que a formação suponha uma melhoria profissional inteligível e que esteja suficientemente explicitada e seja compreensível. A formação, quanto ao processo de mudança, sempre gerará resistência, mas estas terão um caráter mais radical se a formação se vive como uma imposição arbitrária, aleatória, não verossímil e pouco útil.

Esta participação comporta a criação de um sistema de comunicação mediante o qual se chegue às pessoas envolvidas, para que estas possam corresponsabilizar-se efetivamente no processo organizativo e também na direção, coordenação e tomada de decisões em âmbito geral. Para conseguir este grau de participação, será fundamental oferecer aos envolvidos os meios para adaptar continuamente a formação às suas necessidades e aspirações. A participação será necessária não apenas na etapa organizativa, mas também no momento de levar à prática a formação, de maneira que se estabeleça um processo contínuo de modificação e introdução das *estratégias* baseado na experiência acumulada e, ao mesmo tempo, nas novas necessidades detectadas.

A vantagem que supõe para o profissional em exercício trabalhar nesse contexto reside em que sua experiência lhe permite desenvolver um papel construtivo e criativo no processo de planejamento e decisão, e não só um papel meramente técnico, no qual se dá uma subordinação à produção do conhecimento, uma separação entre a teoria e a prática, um isolamento profissional, uma marginalização dos problemas morais, éticos e políticos, um gremialismo e uma descontextualização, que constituem, todos eles, verdadeiros obstáculos à formação. A não-participação e o não-envolvimento são, sem dúvida, obstáculos dificilmente superáveis para levar a cabo uma formação num contexto determinado.

Tudo isso comporta um papel mais ativo do professorado no planejamento, desenvolvimento, avaliação e reformulação de estratégias e programas pesquisadores de intervenção educativa.

7

A formação permanente do professorado deve desenvolver a colaboração

Um dos processos mais importantes que teve lugar na escolarização nos últimos decênios foi o trabalho conjunto de um grupo de professores e professoras com um grupo de crianças de diversas idades num centro escolar agrupado (a escola com formato de caixa de ovos, descrita por Lortie em 1975, um dos pioneiros em diagnosticar os perigos do individualismo docente). É verdade que as escolas unitárias tinham um componente a mais de romantismo (sobretudo na memória das pessoas que delas participaram), mas também é verdade que poucas crianças continuavam seus estudos depois das chamadas "primeiras letras".

O acesso de toda a população à escolarização, a aglomeração urbana, as novas tecnologias da comunicação, a mudança familiar, entre outros fatores, deram origem a uma instituição escolar que foi além da antiga escola unitária na qual um ou dois professores trabalhavam isoladamente (o que não implica a eliminação daquelas escolas unitárias que forem imprescindíveis, dada a dificuldade de acesso dos meios de transporte). Assim, neste item não faço referência a esse individualismo forçado, mas ao individualismo escolhido pelo docente ou desenvolvido pela cultura profissional.

O que se pretende analisar é que, hoje em dia, o ensino se transformou num trabalho necessária e imprescindivelmente coletivo para melhorar o processo de trabalho do professorado, a organização das instituições educativas e a aprendizagem do alunato. Porém, essa escola do tipo "caixa de ovos" propicia uma cultura individualista, uma cultura do isolamento, com suas vantagens e desvantagens. É importante pesar se essa cultura propicia mais inconvenientes do que vantagens.

Não devemos confundir tampouco o isolamento do individualismo com a individualidade ou individualização (Beck e Beck-Gernsheim, 2003), já que a individualidade é a "capacidade para exercer o juízo discricional e independente" (Hargreaves, 1996, p. 206) e a individualização pressupõe o indivíduo como diferente, ator, *designer* e criador de sua própria biografia, identidade, redes sociais, compromissos e convicções. A individualidade e a individualização podem ser positivas, já que o(a) professor(a) precisa de momentos para repensar seu "projeto de vida". Pode ser bom realizar práticas individuais[1] e isso pode

---

1. Existe na ciência política toda uma tradição de debate sobre o individualismo não existindo unanimidade quanto à significação, mas

comportar um certo isolamento. Toda prática profissional e pessoal necessita, em algum momento, de uma situação de análise e reflexão que deve ou pode se realizar de forma solitária.

Não se pode confundir a colaboração com processos forçados, formalistas ou a adesão a modas que costumam ser mais nominais e atraentes que processos reais de colaboração.

Um dos procedimentos que pode ajudar a romper esse individualismo é a formação permanente do professorado. E de duas formas:

1. Realizar uma formação colaborativa do coletivo docente, com o compromisso e a responsabilidade coletiva, com interdependência de metas para transformar a instituição educativa num lugar de formação permanente como processo comunicativo compartilhado, para aumentar o conhecimento profissional pedagógico e a autonomia (autonomia participativa e não autonomia consentida). É provocar que se veja a formação como parte intrínseca da profissão, assumindo uma interiorização cotidiana dos processos formativos e com um maior controle autônomo da formação. Porém, essa formação coletiva supõe também uma atitude constante de diálogo, debate, consenso não imposto,

---

diversos conceitos. Neste item, analisamos e criticamos o individualismo como conceito moral ancorado na teoria liberal, em que o indivíduo é a medida de todas as coisas.

não fugir do conflito, indagação colaborativa para o desenvolvimento da organização, das pessoas e da comunidade que as envolve.

2. Desenvolver uma formação permanente em que a metodologia de trabalho e o clima afetivo sejam pilares do trabalho colaborativo. Um clima e uma metodologia formativa que situe o professorado em situações de identificação, participação, aceitação de críticas, de discordância, suscitando a criatividade e a capacidade de regulação. A capacidade de respeitar a diferença e de elaborar itinerários diferenciados com diferentes ferramentas com um caráter aberto e gerador de dinamismo e situações diversas.

Se analisarmos esse segundo ponto (já que o primeiro já foi analisado no item anterior), do meu ponto de vista, na metodologia formativa seria necessário partir de certas modalidades e estratégias de formação organizadas sobre a base do trabalho em grupo, centrar-se num trabalho colaborativo para a solução de situações problemáticas. A colaboração é um processo que pode ajudar a entender a complexidade do trabalho educativo e dar melhores respostas às situações problemáticas da prática.

Contudo, também é verdade que o trabalho colaborativo entre professores e professoras não é fácil, já que é uma forma de entender a educação que busca propiciar espaços, em que se dê o desenvolvimento de habilidades individuais e grupais de intercâmbio e diálogo a partir da análise e discussão conjunta no momento de explorar novos conceitos para conhecer, compartilhar e ampliar metas do ensino e as informações de cada um sobre determinado assunto. Cada membro do grupo é responsável tanto por sua aprendizagem como pela dos demais. O professorado compartilha a interação e o intercâmbio de ideias e conhecimentos entre os membros do grupo.

Isso pressupõe uma orientação da formação rumo a um processo de provocar uma reflexão baseada na participação (contribuição pessoal, não rigidez, motivação, metas comuns, normas claras, coordenação, autoavaliação) e mediante metodologia formativa baseada em casos (intercâmbio, debates, leituras, trabalhos em grupo, incidentes críticos, situações problemáticas...), exigindo uma proposição crítica e não doméstica da formação, uma análise da prática profissional a partir da perspectiva dos pressupostos ideológicos e atitudinais que estão em sua base. Supõe-se que a formação permanente deve estender-se ao terreno das capacidades, habilidades e atitudes com uma nova metodologia formativa que deveria se fundamentar em diversos pilares ou princípios:

- Aprender de forma colaborativa, dialógica, participativa, isto é, analisar, testar, avaliar e modificar em grupo; propiciar uma aprendizagem da colegialidade participativa e não uma colegialidade artificial (a colegialidade artificial vem amiúde provocada pela obrigação externa de realizar certos trabalhos que demandam um projeto coletivo, mas sem o necessário processo real de colaboração).

- Estabelecer uma correta sequência formativa que parta dos interesses e necessidades dos assistentes à formação.

- Aprender mediante a reflexão e a resolução de situações problemáticas da prática, partir da prática do professorado. Como afirma Perrenoud (2004, p. 76), "partir das práticas e das representações dos professores formados enfraquece qualquer planejamento e inclusive qualquer preparação a fundo; quando se parte das perguntas e das práticas dos professores em formação, é inútil criar um currículo, é preciso improvisar, trabalhar intensamente durante as pausas e entre as sessões, para construir uma formação 'sob medida'".

- Aprender num ambiente de colaboração, de diálogo profissional e de interação social: compartilhar problemas, fracassos e êxitos. Criar um clima de escuta ativa e de comunicação.

- Elaborar projetos de trabalho conjunto.

- Superar as resistências ao trabalho colaborativo devido a concepções de formas de aprender diversas ou modelos de ensino-aprendizagem diferentes.

- Conhecer as diversas culturas da instituição para vislumbrar os possíveis conflitos entre colegas.

A metodologia deveria ser decantada na formação permanente por um processo de participação inerente a situações problemáticas que não pode ser executado apenas através de uma análise teórica da situação em si, mas a situação percebida deve ser reinterpretada no sentido de que necessita uma solução, ou seja, uma modificação da realidade.

A formação assume assim um conhecimento que permite criar processos próprios de intervenção, em vez de dar uma instrumentalização já elaborada, para isso será necessário que o conhecimento seja submetido à crítica em função de seu valor prático, do grau de conformidade com a realidade e analisando os pressupostos ideológicos nos quais se baseia.

Referimo-nos aqui à formação dirigida à pessoa como indivíduo sem levar em conta o grupo, a comunidade e o contexto onde se situa. Podemos afirmar que a formação personalista e isolada pode originar experiências de inovação, mas dificilmente uma inovação da instituição e da prática coletiva dos profissionais. A experiência de inovação nasce, se reproduz e morre com o professor ou professora. É uma experiência de aula que não repercute no coletivo (salvo honrosas e conhecidas exceções). A inovação institucional pretende que a inovação resida no coletivo, faça parte da cultura profissional e se incorpore aos processos educativos como processo normal de funcionamento. Essa inovação institucional é o objetivo prioritário da formação permanente.

Nessa formação institucional de forma colaborativa, deve ser evitado um dos grandes malefícios da docência: o isolamento, o funcionamento celularista ou "celularismo escolar", em que os membros da comunidade educativa assumem condutas e hábitos de trabalho nos quais primam o individualismo, a falta de solidariedade, a autonomia exagerada ou mal entendida, a privacidade. A cultura do isolamento na profissão educativa faz com que o compromisso se separe da satisfação no trabalho, beneficiando os que se comprometem pouco e criando condições para que não haja solidariedade nas instituições educativas, estabelecendo-se lutas internas e padrões de trabalho, muitas vezes, egoístas e competitivos, os quais favorecem uma atomização educativa, com pensamento e trabalho isolados, compartimentando e sempre fazendo as coisas "cada uma a seu modo". O isolamento gera incomunicação; guardar para si mesmo o que se sabe sobre a experiência educativa. Uma prática social como a educativa precisa de processos de comunicação entre colegas. Explicar o que acontece, o que se faz, o que não funciona e o que teve sucesso etc.; partilhar as alegrias e as tristezas que surgem no difícil processo de ensinar e aprender.

A cultura do isolamento acaba por se introduzir na rotina, o desencanto e, provavelmente, a desilusão e a paixão pelo que se faz (exceto em casos de doença ou depressão), dando um exemplo no ensino de uma sociedade egoísta, não solidária e competitiva. Hoje, é difícil encontrar uma profissão aberta ao entorno social que trabalhe isoladamente e, menos ainda, que se forme isoladamente. O compartilhar dúvidas, contradições, problemas, sucessos e fracassos são elementos importantes na formação das pessoas e de seu desenvolvimento pessoal e profissional.

Uma forma de combater esse isolamento e individualismo que provoca é a formação colaborativa, tanto na instituição educativa como nos processos metodológicos da formação padrão, o professorado pode explicar o que acontece, quais são suas necessidades, quais são os seus problemas etc., vai assumindo que não é um técnico que desenvolve ou implementa inovações prescritas por outros como muitas vezes o habituaram, mas sim que pode participar ativa e criticamente, a partir e no próprio contexto educativo, num processo formativo mais dinâmico e, claro, mais flexível e em que os colegas têm os mesmos princípios ou similares. Surge aqui algo mais do que palavras. Aparecem muitas dificuldades.

Uma delas, e muito importante, é que as estruturas organizativas escolares não foram concebidas (já que foram criadas em outra época e com outra forma de pensar a educação) para favorecer esse trabalho colaborativo: as aulas foram idealizadas como células, os agrupamentos homogêneos sob critérios não coerentes, a hierarquização profissional dentro das instituições que mais do que montar estruturas de participação, torna-as de decisão, a crescente especialização entre o professorado e a divisão do ensino (ciclos, etapas, níveis, cursos etc.) reprimem e impedem uma forma conjunta de trabalhar. Pelo contrário, a manutenção dessas situações e estruturas legitima e facilita a continuidade do trabalho de um modo isolado, no qual o professorado não necessita tratar com os outros, exceto nos processos burocráticos. Não existe diálogo sobre o que ocorre e o intercâmbio é fictício.

Para evitar essa cultura personalista, há uma série de modalidades e estratégias formativas importantes e destacadas sobre as quais basear a formação permanente nos diversos contextos educativos: a potencialização de grupos colaborativos nos territórios, os movimentos de renovação pedagógica, a agrupação de escolas rurais, as comunidades de formação ou intelectuais numa ou várias escolas, os grupos de projetos interdisciplinares, as redes telemáticas ou não telemáticas, a filiação a organizações de professores, os grupos de intercâmbio de ideias ou experiências, as equipes autônomas de pesquisa sobre a prática educativa etc. É aí que deve incidir e potencializar-se a formação permanente.

Para introduzir aos poucos essa cultura colaborativa, rompendo com o personalismo e o individualismo pedagógico entre o professorado, mediante a formação permanente, seria necessário potencializar na cultura do professorado:

- O desenvolvimento coletivo de processos autônomos no trabalho docente, mas entendidos como uma autonomia compartilhada e não como uma mera soma de individualidades. Deveria lutar-se contra a ideia de uma profissão subsidiária, em que outros devem ditar o que deve ser feito.

- O partilhamento de processos metodológicos e de gestão nos centros educativos.

- Introduzir a existência da indeterminação técnica, ou seja, ao trabalhar com seres humanos, a racionalidade técnica não tem resposta para tudo ou para quase nada e que outros fatores intervêm nos fatos sociais e educativos. Isso pode evitar muita angústia entre o professorado e a facilidade de compartilhar as situações problemáticas, já que se destrói um determinado conceito de professorado eficaz que impede a comunicação das decisões e dos erros.

- Dar maior importância ao desenvolvimento pessoal mediante a possibilidade de destacar atitudes e emoções no coletivo e não desenvolver (como foi usual na cultura profissional) a ocultação destas.

- Potencializar a autoestima coletiva diante dos problemas que surgem na realidade social e no ensino. A instituição educativa é o reflexo fiel do que acontece na sociedade e não se deve simplesmente aceitar culpar o professorado por muitos dos problemas que aparecem e que são produto das novas estruturas familiares e sociais.

- A criação e o desenvolvimento de novas estruturas organizativas nos centros educativos que possibilitem um melhor ensino e uma maior colaboração nos processos de gestão.

Isso pode ser atingido através de diversas estratégias:

1. Modificar os elementos estruturais e didáticos mediante um compromisso a tomar decisões de

grupo e a resolver conjuntamente as situações problemáticas.

2. Modificação de relações mediante processos em que não há perdedores, mas oportunidades para conhecer-se de maneira formal e informal.

3. Aumentar a participação da comunidade para unir a consciência das preocupações comuns.

Isso é possível. Interpretando de forma muito ampla, acrescentando e, adaptando à formação as ideias de Fullan e Hargreaves (1997), para promover a cultura colaborativa (dentro dessas estratégias mencionadas anteriormente) nas instituições educativas, poderíamos:

- Explicar o que acontece conosco e ouvir a todos sobre o assunto.

- Praticar e compartilhar a reflexão individual e coletiva (realizar conversas reflexivas, descrever, discutir e debater sobre os trabalhos do corpo discente e o papel docente, problematizar o conhecimento que se aplica etc.).

- Assumir o risco da inovação.

- Comprometer-se com o trabalho na instituição e com os outros.

- Não brigar por pequenas coisas insignificantes. Aceitar a diversidade de opções sobre o ensino e a aprendizagem.

- Pedir ajuda aos colegas.

- Equilibrar trabalho docente e vida. Não falar sempre da mesma coisa.

- Reivindicar (e pedir ajuda se for necessário) tempo e espaço para uma formação na instituição com um projeto de mudança a partir de necessidades da instituição.

- O projeto deve ser atingível com a participação de todas as pessoas.

- O mais importante é o alunato, sendo que seu desenvolvimento é paralelo ao do professorado.

Se as atuações individualistas ou personalistas do professorado de um centro educativo se desenvolvem tentando partilhar determinados critérios, pode-se levar a cabo uma ação coordenada ou, ao menos, estabelecer espaços e processos de reflexão de como executá-la. O coletivo de professores precisa participar conjuntamente em processos de inovação e formação ligados a projetos globais da instituição educativa para assumir um maior protagonismo em seu trabalho. Este protagonismo deve surgir a partir do debate e da construção de bases reais coletivas para dirigir-se a uma maior cultura colaborativa.

As instituições educativas nesta linha necessitam gerar uma grande mudança, uma verdadeira transformação profissional e um rearmamento moral que as conduza à superação do espírito celular e individual (por não dizer também corporativista) que ainda possuem pela cultura profissional herdada e assumida de modo acrítico. Seguindo essa tradição profissional, se os profissionais de um centro educativo são movidos por interesses pessoais e assumem atitudes de confrontação com os colegas de trabalho, não só o trabalho educativo individual ficará prejudicado, mas também o processo da instituição.

No entanto, também não podemos nos confundir: a formação colaborativa é um processo de desenvolvimento que leva tempo e requer um considerável esforço, enquanto o ensino obrigatório envolve uma estrutura cada vez mais complexa que exige uma organização coletiva e democrática, partilhando o conhecimento com outras instâncias de socialização. Porém, isso não quer dizer que seja uma empresa, como alguns já quiseram ver, e sim um território flutuante no qual se desenvolve um confronto entre diferentes formas de entender a educação e a sociedade. Na tolerância e na compreensão dessas diferenças se encontra o desafio do trabalho conjunto entre o professorado.

Eis aqui a importância daqueles que trabalham no ensino. Saber respeitar-se e confrontar-se para saber construir alternativas conjuntamente. O professorado, como todo coletivo integrado por seres humanos, constitui um grupo definido sujeito a múltiplas influências. No entanto, é um coletivo que trabalha com pessoas e, portanto, pode potencializar e contribuir para criar transformações sociais mediante a educação de seus alunos e alunas. Contudo, para construir neles esse espírito transformador, será preciso gerá-lo no seio do grupo de trabalho, na instituição educativa.

As equipes de professores e professoras devem romper com a cultura profissional tradicional que foi sendo transmitida na profissão, conforme comentamos anteriormente. Uma cultura profissional viciada por muitos elementos gerou algumas barreiras de comunicação entre um coletivo formado por pessoas que trabalham uma ao lado da outra, separadas ainda por divisórias estruturais e mentais e que outorgaram uma valorização excessiva à categoria profissional, ao conteúdo acadêmico, à improvisação pessoal e ao empirismo elementar, o que provoca em certos âmbitos um fracasso profissional que repercute na vertente relacional. Assim, será necessário estabelecer um rearmamento moral e profissional contra os que normalmente de fora entram em curto com o processo de inovação e formação, os processos de reflexão coletiva, que subtraem os avanços de compromissos coletivos institucionais advogando por um trabalho decantado para o mérito individual, a promoção ou a competitividade.

Se o professorado não impulsionar uma nova cultura colaborativa nas instituições educativas, porém, exige e reivindica essa nova cultura para a sua formação, será impossível por sua vez desenvolver processos de formação permanente colaborativos e uma inovação institucional.

CORTEZ
EDITORA

8

A formação permanente do professorado deve potencializar a identidade docente[1]

A história do professorado e de sua formação é uma história de dependência e subsídio, de ser objeto de tudo (ou de uma subjetividade racional) e, predominantemente, da formação. Podemos comprovar isso vendo o currículo fechado, a pouca autonomia, a dependência orgânica, a desconfiança endêmica, o predomínio de cursos, a necessidade de créditos para o desenvolvimento, a submissão hierárquica, o conceito de semiprofissional, os *experts* que ditam as normas e os saberes ou conhecimentos profissio-

---

1. Quando falamos de identidade docente, não queremos apenas vê-la como conjunto de traços ou informações que individualizam ou distinguem algo, mas sim como o resultado da capacidade de reflexão, é a capacidade da pessoa ou grupo intimamente conectado de tornar-se objeto de si mesmo que dá sentido à experiência, integra novas experiências e harmoniza os processos às vezes contraditórios e conflitivos que se dão na integração do que acreditamos que somos e do que gostaríamos de ser; entre o que fomos no passado e o que somos hoje.

nais dados, a profissão sem reconhecimento de *identidade* etc. Durante as últimas décadas, abriram-se importantes brechas nessa pedagogia do subsídio e da dependência, dando importância à subjetividade dos docentes, ou seja, ver que a experiência educativa não é neutra, mas eminentemente subjetiva com valores éticos e morais. Por outro lado, crer na capacidade normal de ser sujeitos de conhecimento, de dar entidade e identidade, de gerar conhecimento pedagógico que estrutura e orienta sua teoria e sua prática, e isso apesar da tendência normativizadora (e acadêmica em sua histórica relação entre teoria e prática) das administrações educativas, tendência que se acentua mais por desconfiança e controle diante do que se faz em educação que por assegurar uma qualidade educativa.

Em formação permanente, a consequência desse tipo de atuação fez com que o professorado fosse condenado a ser objeto de formação, muitas vezes, com uma formação que dificilmente poderia ser aplicada a outros coletivos profissionais (que não sejam também educativos), ou seja, uma formação que se dirige a professores e professoras sem identidade profissional, embora essa identidade sempre exista, mesmo sem ser reconhecida,[2] com algumas características, valores e peculiaridades, práticas sociais e educativas determinadas (cria-se um *habitus* [Bourdieu, 1991] externo, ou seja, uma determinada forma de ver a

---

2. Seguindo Ball (1972), podemos dizer que há uma identidade dentro das escolas, a identidade situada que é maleável no contexto e a identidade substantiva, mais estável, e que é a forma de pensar de uma pessoa.

teoria e a prática educativa). Assim, é normal que uma pessoa que supostamente tinha mais conhecimento e saber (às vezes maior experiência ou hierarquia) doutrine um professorado sobre a base de sua ignorância e acatamento. A mudança no futuro da formação permanente não deve ser a predominante, mas aquela que o professorado assuma ser sujeito da formação, compartindo seus significados com a consciência de que somos sujeitos quando nos diferenciamos trabalhando juntos e desenvolvendo uma identidade profissional (o "eu" pessoal e coletivo que nos permite ser, agir e analisar o que fazemos) e não um mero instrumento na mão de outros. Como afirma Melucci (1996), "A identidade pode ser negociada porque existem sujeitos de ação que não se definem objetivamente ou externamente, mas que são eles mesmos os que possuem a capacidade de produzir e definir o significado do que fazem." A formação, visto que ajuda a definir esse significado do que se faz e também a adquirir novos saberes, auxilia a mudar a identidade e o eu de forma individual e coletiva.

Como muito bem afirma Day (2006, p. 68), "na bibliografia sobre a formação do professorado, os conceitos de 'eu' e de identidade são utilizados em geral de forma intercambiável. Como conceito, a identidade está intimamente relacionada com o conceito de 'eu'. Ambos são construtores complexos e isso se deve em grande parte a que se baseiam em importantes áreas teóricas e de pesquisa da filosofia, a psicologia, a sociologia e a psicoterapia".

Uma alternativa de formação que aceite a reivindicação desse eu, da subjetividade do professorado, da identidade docente como um dinamismo de forma de ver e transformar a realidade social e educativa (e seus valores) e da capacidade de produção de conhecimento educativo, e incorporar a narrativa do professorado à ética formação permanente, com processos baseados numa relação não tanto objetivista, que valoriza os fatos sociais como coisas nem subjetivistas espontâneas, que valoriza o indivíduo, mas intersubjetiva em relação aos outros, de alteridade, de aumentar "uma bagagem rica de conhecimentos profissionais autogerados" (Elliott, 1984) entre os colegas, que permita complementar a identidade do sujeito docente com a identidade grupal (uma identidade colaborativa não de processos bélicos) e obter uma visão crítica do ensino para analisar a postura, os imaginários de cada um diante do ensino e da aprendizagem, que dê alento ao confronto de preferências e valores, em que prevaleça o encontro, a reflexão sobre o que se faz entre colegas como elemento fundamental na relação educativa.

O (re)conhecimento da identidade permite interpretar melhor o trabalho docente, interagir melhor com os outros, como contexto que se vive dia a dia nos centros, já que as experiências de vida do professorado se relacionam com as tarefas profissionais, já que o ensino requer um envolvimento pessoal. E a formação baseada na reflexividade será um elemento importante para analisar o que são ou que acreditam ser e o que se faz e como se faz. Pergunta-se:

- Qual é a identidade profissional do professorado quando participa de um processo de formação?

- Existem concepções diferentes da identidade docente, individual ou coletiva?
- As diferentes concepções criarão tensões ou alianças?
- Como reconstruir as identidades docentes?
- Que processo a formação utilizará para debatê-las e colocá-las em comum?
- A formação ajudará novas identidades docentes?

A resposta a estas e, certamente, a outras perguntas contribuiria para reduzir a incerteza pessoal e coletiva, as reivindicações a dizer o que se pensa sobre a formação e a obtenção de um maior reconhecimento social abre a possibilidade de um projeto docente profissional, aumentando a compreensão da realidade educativa e social, já que a identidade profissional é dinâmica, não uniforme e se gesta na relação entre o contexto no qual o trabalho se realiza e próprio trabalho em si.

O atual conceito de identidade docente permite questionar muitas coisas, como, por exemplo, que já não existe uma etapa determinada na qual o professorado se forma e outra na qual está na prática educativa, como indica a tradição dos itinerários formativos (embora haja diferenças de identidade, visto que a identidade é mutante, pois é a amálgama de representações, sentimentos, experiências, biografia, influências, valores etc., que vão mudando). A consciência da subjetividade docente que leva em conta a identidade coletiva permitirá detectar as mais significativas necessidades tanto educativas como do contexto, favorecendo que a situação da formação do professorado seja parte intrínseca da profissão ao longo de toda a carreira docente. É o apoderamento da formação passando a ser parte intrínseca da profissão se o professorado quer ser protagonista de sua formação e desenvolvimento profissional. E esse protagonismo é necessário e, inclusive, imprescindível para poder realizar inovações e mudanças na prática educativa e desenvolver-se no pessoal e no profissional. Se o professorado é capaz de narrar suas concepções sobre o ensino, a formação pode auxiliá-lo a legitimar, modificar ou destruir essa concepção.

Também podemos ver a identidade docente em relação ao que tem se chamado trajetória ou desenvolvimento profissional, já que se efetuou uma leitura de desenvolvimento profissional com conotações funcionalistas, ao defini-la apenas como uma atividade ou um processo para a melhoria de habilidades, atitudes, significados ou desenvolvimento de competências genéricas. Utilizando a formação como arma predominante e, portanto, vendo o desenvolvimento profissional do professorado como um aspecto muito restritivo, já que se viria a dizer que a formação é a única via de desenvolvimento profissional do professorado.

O desenvolvimento profissional é um conjunto de fatores que possibilitam ou impedem que o professorado avance na identidade. A melhoria da formação e a autonomia para decidir contribuirão para esse desenvolvimento, porém, a melhoria de outros fatores (salário, estruturas, níveis de decisão, níveis de participação, carreira, clima de trabalho, legislação trabalhista) também o farão e de forma muito decisiva. Podemos realizar uma excelente formação e deparar com o paradoxo: um desenvolvimento próximo à proletarização no professorado porque os outros fatores não estão suficientemente garantidos nessa melhoria. E isso repercute, é claro, no desenvolvimento profissional, mas também muito no desenvolvimento pessoal e na identidade.

Contudo, também devemos dizer que a identidade pessoal encontra-se inter-relacionada com a identidade coletiva ou o desenvolvimento profissional coletivo ou institucional, ou seja, o desenvolvimento de todo o pessoal que trabalha num centro educativo (já que compartilham categorias sociais e educativas e com conhecimento da diferença entre todos). Os centros têm uma identidade educativa e cultural, já que o real e o simbólico entram na subjetividade de cada pessoa que neles trabalha com uma vinculação com os outros e que vai variando segundo o contexto. O desenvolvimento de todo o pessoal educativo de um centro educativo (as vivências coletivas) define-se como aqueles processos que melhoram a situação de trabalho, o conhecimento profissional, as habilidades e as atitudes dos trabalhadores numa instituição educativa. Portanto, nesse conceito, seriam incluídos todos os que trabalham nas escolas: as equipes de gestão, o pessoal não docente e o professorado, dando sentido identitário ao que se faz ao longo do tempo. E a formação coletiva tem aqui um importante papel. A formação deve passar da ideia de "outros" ou "eles" para a ideia de "nós".

9

A formação permanente do professorado deve criar comunidades formativas

Um dos elementos importantes que foi surgindo no campo educativo nos últimos anos do século XX foi a impossibilidade, em certos contextos sociais, de partir do princípio que o ensino pode, ou deve fazer o esforço, de extrair da exclusão social a totalidade ou a maioria da população. Os atuais contextos sociais, familiares e econômicos nos mostram claramente que sem a ajuda da comunidade[1] que envolve a instituição educativa é difícil ensinar as diversas cidadanias necessárias no futuro: democrática, social, paritária, intercultural e ambiental que

---

1. Entende-se aqui por "comunidade" uma rede dinâmica em que coexistem todos os agentes sociais que intervêm ou podem intervir na educação da infância no contexto no qual reside e se ajudam mutuamente para a ação educativa a partir de perspectivas de consciência educativa e política conjunta. Embora reconheça que hoje em dia esteja sendo utilizado de forma confusa o conceito de comunidade.

permitem uma vida e um mundo melhor. É difícil que a educação de hoje seja capaz de oferecer essa velha ideia de "viver feliz". É então que retorna o conceito de comunidade de forma diferente.[2]

Na educação e na formação do professorado temos atualmente diversos conceitos de Comunidade:[3] (de prática ou de conhecimento, de aprendizagem, formativas etc.).

- Uma *comunidade de prática* são grupos constituídos com a finalidade de desenvolver um conhecimento especializado, mas não é uma comunidade científica, já que seu fim é informar e comunicar experiências práticas, compartilhando aprendizagens baseadas na reflexão partilhada sobre experiências práticas (hoje se une ao conceito de gestão do conhecimento ou prática reflexiva como processo de prática compartilhada). O processo de aprendizagem se dá através de uma forte participação de um grupo de indivíduos testando, de diversas maneiras, o objeto de conhecimento em questão (embora experiências educativas também incor-

2. Isso implica uma aproximação sociocultural na qual as pessoas e os ambientes socioculturais não têm existências independentes, que as pessoas não existem em abstrato, mas dentro de um certo tipo de configurações sociais para a solução de problemas práticos.

3. O termo ampliou-se dando margem a diversas experiências com políticas e desenvolvimentos diferentes. Ver Torres, R. M. *Comunidades de aprendizaje. Repensando lo educativo desde el desarrollo local y desde el aprendizaje.* SIMPOSIO INTERNACIONAL SOBRE COMUNIDADES DE APRENDIZAJE. Barcelona, Fórum 2004; ou *Learning Communities.* s/l, Eric Digest, 1999.

porem outros agentes sociais). É o próprio grupo que estabelece os objetivos de aprendizagem e estes, por sua vez, são selecionados no contexto da prática. Podem ser presencial ou virtual (cibercultura).

Os requisitos, segundo Wenger (2001), de uma comunidade de prática são o compromisso mútuo, uma empresa conjunta e um repertório compartilhado (criação de recursos para partilhar significado).

Então, a comunidade de prática seria um grupo de professores e professoras que intercambiam, refletem e aprendem mutuamente sobre sua prática. Não entrariam aqui as relações com a comunidade fora da escola (embora existam experiências de agentes externos que colaboram). Uma comunidade de prática poderia ser um movimento de professores ou a formação que estes movimentos geram, com a intenção de aprender dos pares e intercambiar informações.

- Uma **Comunidade formativa** (às vezes, formativa de aprendizagem ou educação comunitária) se diferencia muito pouco de uma comunidade de aprendizagem, exceto nos papéis dos diversos agentes. A comunidade formativa se dá em contextos que permitem a elaboração por parte do professorado de uma cultura própria no seio do grupo e não só a reprodução padronizada da cultura social ou acadêmica dominantes. É um contexto relevante para a elaboração, por parte dos próprios integrantes, de suas próprias concepções e práticas de ensino e aprendizagem (a aprendizagem assume muita importância), a partir das tarefas realizadas, das experiências e das interações vividas. Como contexto interativo, as instituições educativas podem ser uma comunidade formativa, visto que geram múltiplas situações de comunicação e de uso tanto da linguagem oral e escrita como dos diversos códigos de relação interpessoal, a partir dos níveis, registros e códigos dos próprios integrantes.

Todas as pessoas da comunidade formativa desenvolvem papéis de agente ativo na construção de normas, na reelaboração das normas sociais e educativas, dos valores e na construção de regras de relação social e educativa. Estimula-se o respeito pelo diverso. Nestes contextos formativos, ocorrem processos extraordinariamente relevantes na elaboração prática e em sua interiorização de conceitos fundamentais para a organização da aprendizagem: o valor de uso do tempo e sua organização, o uso dos espaços ou das noções do que se entende por trabalho ou trabalhar, do que é ensinar e do que significa aprender (Torres, 2004).

Uma finalidade importante da Comunidade formativa é construir um projeto educativo comunitário em que primasse a cooperação e a solidariedade, partindo das fortalezas que cada escola apresenta, pressupondo que os recursos de que cada instituição dispõe devem ser valorizados e articulados, com o intuito de criar o projeto educativo comunitário com base nas necessidades e possibilidades específicas do coletivo. Podemos interpretar que numa Comunidade formativa de professores e professoras, embora participe a comunidade que envolve a instituição, o protagonismo é assumido pelo professorado.

Com respeito à comunidade formativa em associações, redes ou espaços emocionais relacionados mediante processos comunicativos, analisaremos, em primeiro lugar, a importância para a formação permanente do professorado das associações de professores e professoras e os movimentos de professores. Em segundo lugar, a possibilidade de cibercomunidades ou comunidades virtuais, onde as relações comunicativas (comunicação global) de compartilhar informação e formação entre o professorado podem ser mais influenciadas e também mais temporais.

- **Comunidades de aprendizagem.** A experiência de transformar as escolas em comunidades de aprendizagem há tempo vem castigando na educação. Todas elas têm em comum transformar a escola num verdadeiro agente de transformação social (a escola é uma das principais instituições culturais do território), conseguir uma melhor aprendizagem por parte do alunato potencializando sua autoestima (e, por conseguinte, a do professorado) e poder adquirir conhecimentos e habilidades durante sua escolarização que propicie uma igualdade de oportunidades com o restante dos alunos escolarizados em condições mais favoráveis. A partir disso, propõe-se uma escola onde se interaja com o contexto, onde prime o diálogo, a participação, a cooperação e a solidariedade entre todos os que formam a comunidade de aprendizagem com o objetivo de melhorar a educação das crianças.

Todas estas experiências partilham de alguns princípios pedagógicos:

— Todos os membros compartilham de metas: a aprendizagem escolar não recai exclusivamente nas mãos do professorado, mas para conseguir uma educação de grande qualidade, participam conjuntamente as famílias, as associações de bairro, voluntariado, instituições sociais etc., todos juntos para atingir uma única meta.

— Cria-se uma organização e um ambiente de aprendizagem: buscam-se fórmulas alternativas à organização escolar tradicional. Isso significa, por exemplo, romper com a estrutura de aulas fechadas, onde cada professor tem seu alunato. É importante que o alunato esteja em atividade o máximo tempo possível. Por isso, é preciso abrir-se à possibilidade que nas aulas possa haver mais de um adulto, para evitar que exista a possibilidade que alguns fiquem para trás. Para conseguir isso, é preciso que o professorado trabalhe bem coordenado com outros profissionais e com o voluntário.

— Os processos de ensino-aprendizagem são o centro da instituição escolar: Que o alunato desenvolva o máximo de suas capacidades é fundamental neste processo. O centro educativo se transforma no centro de aprendizagem de toda a comunidade, muito além das tarefas escolares.

— A aprendizagem apresenta propósitos: o ensino é planejado pela coletividade e se estabelecem finalidades claras, expressas e partilhadas pela comunidade.

— Criam-se altas expectativas (professorado-alunato-família-comunidade). Todos são capazes de desenvolver mais possibilidades e, portanto, cria-se um clima de altas expectativas. O professorado, as mães e os pais, têm muitas habilidades (talentos) que têm de descobrir para que revertam para a comunidade. Estabelecem-se objetivos máximos em vez de objetivos mínimos e se disponibilizam todos os meios para alcançá-los.

— Desenvolve-se a autoestima: todo o corpo discente tem maior capacidade do que aquela que normalmente aplicam. É importante ressaltar as expectativas de êxito, a relação e o controle individual do próprio processo e o controle social com respeito ao desenvolvimento da cooperação. É necessário o desenvolvimento de atividades em grupo.

— Avalia-se contínua e sistematicamente: o processo está em contínua revisão por toda a comunidade.

Estabelecem-se momentos de contraste e de triangulação entre todos.

— A participação do alunato, da família e da comunidade é alta: o centro educativo passa a ser uma instituição onde participam como iguais todos os estamentos que intervêm no processo educativo. Existe um nível de compromisso e negociação. Nas aulas, os mestres e as mestras são tutores, e o voluntariado que entra com eles auxilia a realizar as atividades previamente acordadas.

— A liderança escolar é partilhada: geram-se comissões de trabalho para coordenar todo o processo com uma grande delegação de responsabilidades. Estas comissões são mistas: professorado, mães, pais, alunato, administração, voluntariado etc.

— Gera-se um diálogo reflexivo e um ensino entre iguais: potencializa-se a relação de ensino recíproco e cooperativo entre o alunato que estabelece uma tutoria entre seus pares. Ou seja, aprendem as crianças, umas com as outras, a partir de grupos da mesma idade a grupos de diferentes idades. Os agrupamentos flexíveis favorecem estes processos (para ampliar o estudo, ver <http://www.comunidadesdeaprendizaje.net>).

Também poderíamos abordar os diferentes conceitos de Comunidade a partir de posturas filosóficas, pedagógicas, psicológicas e sociológicas, a partir das comunidades de pesquisa, de discurso, profissionais, de interpretação, social ou comunidades democráticas desenvolvidas por diversos autores (Garza, 1995). No entanto, não considero necessário na temática abordada neste livro, embora indique a importância que está assumindo o termo e o conceito de comunidade.

Talvez, para a formação, seja interessante explicar a comunidade na prática, como intercâmbio da prática, comunidades formativas para desenvolver um projeto educativo comunitário e a comunidade de aprendizagem como aprendizagem coletiva entre todos os agentes que intervêm na educação em um projeto educativo comunitário também partilhado de forma coletiva.

Comunidades organizadas sobre a base de um interesse comum em criar e recriar o conhecimento e que, ao partilhá-lo, possibilita sua diversificação e seu enriquecimento a ponto de transformar-se em novo conhecimento.

Na formação do professorado, podemos dizer que uma formação que tenha em conta a Comunidade parte de certos pressupostos:

- Todos os agentes da comunidade que abrangem uma escola têm conhecimento (ninguém tem todo o conhecimento).
- É necessário compartilhar o conhecimento de cada um.
- O compartir o conhecimento com os agentes da Comunidade enriquece profissionalmente.
- A formação com a comunidade permite uma melhor forma de organizar-se e repercute na melhoria da escola.

Com respeito ao trabalho interativo com a comunidade que envolve a instituição educativa como esfera pública, amplia-se a noção de escola e aula e das possibilidades e funções educativas desses espaços. A comunidade não é tanto uma estrutura, mas um conjunto de práticas (Bourdieu, 1991). Já não se trata apenas de lugares entre paredes, e sim de qualquer âmbito onde se estabeleça uma relação educativa e, portanto, comunicativa, entre alunos e professor(a) e aluno(a). A comunidade nutre-se da comunicação e do diálogo. Habermas (1987) fala de comunidade comunicativa que se organiza pela comunicação e não pela autoridade, *status* ou rito. A referida reconceitualização amplia o grau de responsabilidade e de autonomia dos profissionais em sua gestão e destaca o papel ativo que o próprio alunato também possui na regulação dos intercâmbios, bem como os parâmetros de referência sob os quais atuam: o tempo, os espaços, as normas, seus referentes e os estilos comunicativos; tudo isso possui um enorme potencial explicativo e de possibilidades formativas e autoformativas sobre o professorado.

Do ponto de vista formativo, trabalhar conjuntamente com a comunidade persegue de modo central desenvolver habilidades socioafetivas, cognoscitivas e psicolinguísticas nos(as) alunos(as) através de sua participação ativa em comunidades educativas, cujos membros realizam atividades inseridas num ambiente de aprendizagem. Há uma maior amplitude de oportunidades cotidianas para a interação social, a comunicação oral e escrita e a prática na solução de problemas de naturezas diversas.

10

A formação permanente do professorado deve ser introduzida no desenvolvimento do pensamento da complexidade

A mudança em qualquer pessoa nunca é simples e, portanto, a mudança que se pede ao professorado na formação não é uma mudança simples, mas um processo complexo (às vezes uma certa simplificação possa ser necessária, embora de forma relativa),[1] posto que se trata de uma mudança nos processos que estão incorporados (conhecimento da matéria, o didático, dos estudantes, dos

---

1. Edgard Morin sustenta no Método, tomo 2, *A vida da vida* (Madri: Cátedra, 1983), que a complexidade é a união da simplicidade e da complexidade; é a união dos processos de simplificação que implicam seleção, hierarquização, separação, redução, com os outros contraprocessos que implicam a comunicação, a articulação daquilo que está dissociado e discernido, e é o escapar da alternativa entre o pensamento reducionista, que não vê nada além dos elementos e do pensamento globalista, que não vê mais do que o todo.

contextos, dos valores etc.), ancorados na cultura profissional que atua como filtro para interpretar a realidade. Para
mudar uma cultura tão arraigada na profissionalização
docente, aprendemos que se requer tempo (nas mudanças
culturais, não vale o curto prazo nem a pressa), uma base
sólida (a incerteza, embora seja melhor que a certeza, pode
ser uma má conselheira), que apresenta altos e baixos (não é
um processo linear nem uniforme, mas complexo e sinuoso),
que deve se adaptar à realidade do professorado (à forma
de ser e aos contextos, etapas, níveis, disciplinas etc.), além
da necessidade de um período de experiência no qual se
leve a cabo (experimentá-lo na prática diária) e se integre
(ou interiorize) nas próprias vivências profissionais.

Um dos mitos na profissão docente é que ensinar é
fácil. Ensinar sempre foi difícil, mas nos dias de hoje pas-
sou a ser ainda mais difícil (e, em alguns lugares, inclusive,
arriscado). Os avanços da ciência, da psicopedagogia, das
estruturas sociais, a influência dos meios de comunicação
de massa, os novos valores e tudo o que vem sendo tra-
tado neste livro repercutem numa profissão que se sente
desconfortável num âmbito de incerteza e mudança, já que
a formação até agora não se ocupou desses aspectos. São
velhos e novos desafios que continuam tornando a educação nada fácil e, nos novos tempos, a introduzem numa
maior *complexidade*. A complexidade aumentou devido ao
contexto. Quando falamos de contexto, fazemos referência tanto aos lugares concretos (instituições educativas),
como aos fatores que caracterizam os ambientes sociais e
de trabalho onde se produz.

Múltiplos fatores influenciam na formação, tais como: a cultura (e a complexidade) das instituições educativas, a comunicação entre o professorado, a formação inicial, a complexidade das interações da realidade, os estilos de liderança escolar, as relações e a compreensão por parte da comunidade escolar, as relações e os sistemas de apoio da comunidade profissional etc. Nesse cenário complexo, as situações problemáticas que surgem nele não são apenas instrumentais, já que obrigam o profissional do ensino a elaborar e construir o sentido de cada situação (Schön, 1983), muitas vezes única e irrepetível.

A profissão docente sempre foi complexa por ser um fenômeno social, já que numa instituição educativa e numa aula devem ser tomadas decisões rápidas para responder às partes e ao todo, à simplicidade ou à linearidade aparente do que há à frente e da complexidade do entorno que preocupa. No entanto, o trabalho educativo tem estado muito influenciado pela racionalidade técnica, a busca inútil de considerá-lo uma ciência como outras de cunho "científico" (daí o empenho em denominá-lo como "Ciências da Educação"), nutriu-se durante o século XX de um predomínio do racional, da busca do objetivo independentemente do que se fazia e com um esquecimento do emocional e do subjetivo (na próxima ideia-chave, trataremos desse assunto).

Essa crescente complexidade social e formativa faz com que a profissão docente e sua formação se realizem em concordância mais complexa, superadora do interesse estritamente técnico aplicado ao conhecimento profissional, no qual o professorado está ausente, pois se transforma em instrumento mecânico e isolado de aplicação e reprodução, com competências apenas de aplicação técnica. Isso provoca uma alienação profissional, uma "aprofissionalização", uma incompreensão dos fenômenos sociais e educativos, que traz como consequências uma despreocupação e inibição dos processos de mudança, de compreensão e interpretação do seu trabalho, chegando a um autismo pedagógico, isolando-se da realidade que cerca o professor.

Reconhecer a complexidade do pensamento e da prática docente significa reconhecer que a educação como fenômeno social é uma rede aberta e que essa abertura faz com que às vezes se tomem decisões sem refletir (ou intuitivas); ao promover uma formação que facilite a reflexão e a intuição, é possível fazer com que os professores se tornem melhores planejadores e gestores do ensino-aprendizagem e, por que não, agentes sociais, capazes de intervir também nos complexos sistemas éticos e políticos que compõem a estrutura social e de trabalho. Contudo, qual é a complexidade na profissão docente?

A complexidade, segundo Morin (2001), apresenta-se com traços inquietantes do confuso, do inextricável, da desordem, da ambiguidade, da incerteza, da mescla entre ordem/desordem/interação/organização, em que se dissolvem estes elementos e isso nos obriga a navegar por um ensino das certezas e das incertezas, a fazer frente aos riscos, ao inesperado, ao incerto. Essa reflexão de Morin sobre o processo de ensinar nos leva a ver a complexidade das ações educativas e nos ajuda a entender uma educação que, contrariando a linearidade do pensamento educativo (embora sempre tenha existido antagonismo e complementaridade entre o simples e o complexo), apresenta problemas reais na unificação, nas conquistas, na incerteza e no imprevisível, pretensão que sempre esteve presente desde que se formou o professorado. Entender o mundo a partir da complexidade significa compreender as relações entre os diversos fenômenos e, por sua vez, entender cada elemento em si mesmo.

Lipman (1997) nos dirá que o *pensamento complexo* é o pensamento que é consciente de seus próprios pressupostos e implicações, bem como das razões e evidências nas quais se apoiam suas conclusões. Portanto, na formação, a introdução do pensamento complexo nos obriga a analisar a metodologia, os procedimentos e os pontos de vista próprios para evitar a parcialidade e o autoengano. O pensamento complexo e o pensamento crítico seguem de mãos dadas quando analisamos as políticas e as práticas de formação e sua influência no contexto mediante processos de reflexão e de pesquisa.

Introduzir-se na complexidade a partir do olhar da formação significa não buscar respostas e sim ver os novos desafios, como afirma E. Morin (1999) ao sustentar: "A complexidade precisa de uma estratégia (...). O pensamento simples resolve os problemas simples, sem problemas de pensamento. O pensamento complexo não resolve, em si, os problemas, mas constituiu uma ajuda para a estratégia que possa resolvê-los". Por exemplo, ter a capacidade de autoorganização como coletivo em redes de intercâmbio e boas práticas. Também gostaria de fazer constar que dar resposta à complexidade educativa não significa desordem, ceticismo e que o relativismo de tudo é válido ou que a complexidade nos deixou despidos de ordem, de valores ou normas como alguns apologistas da pós-modernidade insinuam.

Morin (1996, 1999) fala de diversos princípios da complexidade,[2] sua análise pode dar pistas para uma melhor

---

2. Morin (1999, p. 98-101) descreve sete princípios de pensamento que servem de guia na ação. Estes princípios são:

1. O princípio sistêmico ou organizativo (ou de construção em movimento) "que une o conhecimento das partes com o conhecimento do todo".

2. O princípio hologramático das organizações complexas: "a parte está no todo, mas também o todo está inscrito em cada parte".

3. O princípio do anel retroativo ou retroalimentação: "a causa age sobre o efeito e o efeito sobre a causa".

4. O princípio da recursividade organizacional: "os produtos e os efeitos são em si mesmos produtores e causadores do que os produz".

5. O princípio de autonomia/dependência (autoecoorganização): "os seres vivos [...] gastam energia em manter sua autonomia. Como necessitam encontrar a energia, a informação e a organização em seu meio ambiente, sua autonomia é inseparável desta dependência".

6. O princípio dialógico: "a dialógica entre a ordem a desordem e a organização através e inúmeras inter-retroações está em constante ação [...]. O pensamento deve assumir dialogicamente dois termos de que tendem a excluir-se entre si".

7. O princípio de reintrodução do que conhece em todo conhecimento: "todo conhecimento é uma reconstrução/tradução que faz uma mente/cérebro numa cultura e num tempo determinados".

formação do professorado, considerando esse pensamento complexo que hoje engloba a realidade. Dos diferentes princípios, destacamos aqueles que nos permitem tirar conclusões para a formação do professorado:

a) O princípio dialógico mostra a necessidade de colaboração entre a ordem e a desordem para compreender a unidade na diversidade: "Ordem e desordem são dois inimigos: um suprime o outro, mas, ao mesmo tempo, em certos casos, colaboram e produzem a organização e a complexidade. O princípio dialógico nos permite manter a dualidade no seio da unidade" (Morin, 1996, p. 106). O dialógico em formação nos leva a analisar os diversos princípios que nos fazem entender a realidade educativa, embora seus fenômenos sejam antagônicos porque a educação tem lógicas antagônicas, contraditórias, que se vivem na relação antagônica, mas complementar pessoa/profissão e, além disso, nos permite uma ruptura da vida cotidiana. O princípio dialógico está presente na relação conflito/harmonia com o contexto, ou seja, na forma em que se concebe o professor, seja como educador ou como instrutor. Porém, o dialógico não é desordem, mas sim deve fomentar a criatividade para além dos recursos técnicos.

O dialógico nos ajuda a entender a contradição como parte da compreensão da realidade educativa e profissional. Aparece o respeito à diferença como elemento importante para ver a unidade a partir da diversidade.

b) O princípio recursivo ou de recursividade concebe os processos como produzidos e produtores, o que faz com que se supere a relação causa-efeito e passe a ser um caso particular. Eis aqui um exemplo: "A sociedade é produzida pelas interações entre indivíduos, mas a sociedade, uma vez produzida, retroage sobre os indivíduos e os produz" (idem, p. 107). Esse princípio nos permite analisar a formação como processo sempre inacabado e no qual o professorado aprende não só na formação, mas também no ambiente que interage. É o princípio que nos ajuda a desenvolver a auto-organização e as redes de intercâmbio como interação entre os sujeitos. O professorado trabalha na educação e a educação formal não se faz sem o professorado; assim, o(a) professor(a) se transforma em produtor e é produto numa relação de complexidade necessária em que não importam os processos nem os tempos, e sim os produtos que se inter-relacionam e que são interdependentes.

c) O princípio hologramático segundo o qual "não apenas a parte está no todo, mas o todo está na parte" (idem, p. 107). Esse princípio nos diz que nem tudo pode ser reduzido às partes, bem como da perspectiva holística, de compreender apenas o todo, mas que as partes estão no todo e o todo está nas partes. Quando o(a) professor(a) trabalha não pode fazê-lo sem atender a preferências, tendências, satisfações etc. do alunato. Além disso, o professorado é um reflexo da sociedade que o envolve.

d) Princípio de autonomia/dependência: toda organização necessita de uma abertura relativa do sistema e de um relativo fechamento.

É necessário que a formação transite para uma abordagem mais transdisciplinar, que facilite a capacidade de refletir sobre o que uma pessoa faz, pois isso permite fazer surgir o que se acredita e se pensa, que dote o professor de instrumentos ideológicos e intelectuais para compreender e interpretar a complexidade na qual vive e que o envolve.

11

A formação permanente do professorado deve ter em conta o desenvolvimento atitudinal* e emocional do professorado

Para motivar a formação permanente, é preciso gerar uma motivação intrínseca relacionada com a tarefa de se *fingir de professor ou professora*, o que é muito mais difícil se o professor ou professora se encontra imerso num ambiente de desmotivação e passividade (educativa ou ideológica). Se o professorado se encontrar desmotivado, é necessário encontrar mecanismos para a motivação extrínseca (por exemplo, permitir trabalhar com maior qualidade, aprofundar a matéria, encontrar-se consigo mesmo para melhorar a autoestima, realizar-se profissionalmente...). Também faz falta uma grande motivação relacionada com

---

* Entende-se aqui atitude como sentimento de disposição ou predisposição, conseguido e organizado através da experiência, que exerce uma influência específica sobre a resposta da pessoa ao contexto.

a autoestima. A motivação às vezes é muito baixa, porque hoje se valoriza pouco o lugar de trabalho e as expectativas de executá-lo bem. O(a) professor(a) pode-se perguntar: "Como vou participar dessa formação com essas condições?" ou "Para quê?". Muitas vezes o professorado tem um problema grave: não está em harmonia com a realidade como ela é. Porém, para a administração educativa, a situação é ainda mais grave porque o professorado também não está em harmonia com ela e embora a administração volte o rosto para outra direção, tornando o problema mais óbvio, o problema existe e se agrava dia a dia. Talvez esteja se buscando ou dando soluções simples a problemas complexos ou não se sabe a resposta que se deve dar.

As reformas se sucedem umas às outras, e são uma mostra de nossa incapacidade para criar sistemas flexíveis o suficiente para autorrenovar-se de maneira paulatina e adaptar-se constantemente ao meio social. De fato, quanto mais extensa, profunda e radical for uma reforma, mais evidente é o fracasso ou a obsolescência do sistema anterior. Nesse intervalo, quantos alunos e alunas "pagaram" pela falta de previsão? Quantos professores e professoras ficam cansados de esperar ou são vítimas de esperanças frustradas?

Todas as reformas educativas levam sempre a um debate sobre a formação do professorado, seja inicial ou permanente, já que se parte de um princípio elementar segundo o qual não é possível mudar a educação sem modificar os procedimentos mediante os quais se forma o professorado. A experiência nos demonstra que isso é correto em parte, já que para mudar a educação é necessário também incidir sobre os contextos (metodologias, avaliação, comunicação, participação...). No entanto, se pensarmos apenas em que a formação é necessária, esquecendo-se dos outros elementos, então, o debate sobre a formação do professorado limita-se normalmente a tentar mudar as pessoas (seus conhecimentos, seus hábitos, sua atuação...). E assim nos encontramos com professores e professoras mais informados (e muitas vezes, mais maçantes), mas é só isso.

Os processos de mudança são elementos condicionantes, do entorno sociopolítico e econômico no qual encontramos uma longa crise das instituições sociais e familiares em relação aos processos e às finalidades educativas, imersos num ciclo cheio de incertezas como comentávamos antes, de mudanças vertiginosas, de discursos simbólicos sobre a importância da educação (não tanto do Sistema Educativo). Numa época, enfim, na qual as instituições educativas parecem desorientadas devido aos múltiplos deveres e informações recebidos, o excesso de responsabilidade que se deposita nelas e, como consequência, por causa da análise crítica de que são objeto pelos resultados obtidos. Uma época na qual a distância com respeito ao que acontece extramuros das instituições educativas pode ser cada vez maior se não se gerar um debate sobre a enorme transformação que devem levar a cabo os sistemas educativos em seu processo de socialização compartilhada da infância e da adolescência.

Num final de ciclo, em que o professorado deve lutar para encontrar o equilíbrio adequado entre as forças em conflito dentro do contexto de seus próprios objetivos, das expectativas da comunidade e das necessidades dos alunos. "O dilema do professor consiste em encontrar um equilíbrio entre fatores, tais como o fracasso escolar, o trabalho com toda a classe, com grupos pequenos, a atenção individual, o tempo dedicado aos objetivos das diferentes disciplinas, as questões cognitivas e afetivas, a extensão e profundidade dos conteúdos, as decisões dos professores, as decisões conjuntas, as decisões dos alunos, a atenção absoluta e a falta de atenção, os critérios oficiais de avaliação e seus próprios critérios, as necessidades dos indivíduos e do grupo" (Kepler, 1999). A importância do trabalho em grupo, de estabelecer vínculos afetivos entre o professorado, das decisões coletivas, da participação de outros setores sociais no campo educativo. Um ciclo educativo no qual existe um grande desconcerto, devido à diversidade do alunato e à realidade social dos adolescentes e às quais as administrações prestam pouco apoio; enfim, todo um problema que provoca a desmotivação, o desinteresse e a angústia quando não a desesperança, o abandono do compromisso e a depressão. Talvez uma saída ao túnel seja compartilhar critérios comuns entre os que trabalham nas instituições educativas (que não é apenas o professorado), uma maior autonomia compartida (não apenas desregularização) e formar a pessoa, o sujeito docente, as atitudes, as emoções; é aqui onde gostaríamos de entrar neste capítulo.

A formação em atitudes (cognoscitivas, afetivas e de conduta) auxilia no desenvolvimento pessoal do professorado, numa profissão em que a fronteira entre o profissional e o pessoal se esvaece. Ajudaria também a melhorar as relações com os companheiros e com o alunado. E a rever as convicções e as crenças sobre a educação e o contexto social, já que as atitudes são processos de pensar, sentir e agir em consonância com os valores que uma pessoa possui.

A formação deveria dar importância às emoções do professorado. Hargreaves (2000, p. 815) nos fala das geografias emocionais como formas de aproximação ou distanciamento emocional. Estas se compõem de diversas geografias:

1. Geografias socioculturais: as diferenças entre os diversos estamentos da escola fazem com que a relação seja de distanciamento.

2. Geografias morais: as finalidades da escola não são coincidentes com as da comunidade.

3. Geografias pessoais: as diferenças entre o professorado criam distância entre eles.

4. Geografias políticas: a hierarquia e as relações de poder impedem uma comunicação e relação fluidas.

5. Geografias físicas: não existem encontros que possibilitem uma maior relação entre o professorado, alunado e comunidade.

O professorado necessita de uma formação que o auxilie a utilizar essas geografias emocionais para estabelecer uma maior relação entre todos os que participam na educação. Uma formação que vá além dos problemas gerais, que dão uma excessiva paixão pelo metodológico (o como e não o porquê), que introduziram as reformas educativas do último terço do século XX e que supõe a formação de gerações de professores mais preocupados pelo controle da sala de aula, pelas disputas, pelos horários do que pela aprendizagem em si, transformando-os como compensação de seus problemas para compreender o ensino, mas policiais ou guardiões de suas próprias salas e em carcereiros de sua profissão. Os problemas estão na atenção à diversidade, na educação das cidadanias, na democracia, na multiculturalidade, o saber trabalhar e relacionar-se com seus pares e com a comunidade, e tudo isso deve ter lugar num contexto em que o plural e o coletivo brilham por sua ausência, no trabalho, na comunicação, na elaboração de projetos, na tomada de decisões etc.

A formação do professorado no desenvolvimento de atitudes será fundamental. A formação deve ajudar a estabelecer vínculos afetivos entre o professorado, a saber: trabalhar com as emoções, motivar-se, reconhecer as emoções dos outros professores e professoras, já que ajudará a conhecer as próprias emoções e permitirá situar-se na perspectiva do outro (desenvolver uma escuta ativa, mediante a empatia e o reconhecimento dos sentimentos do outro), sentir o que sente o outro. E, sobretudo, a desenvolver a autoestima docente.

12

E o papel dos formadores de formadores na formação permanente do professorado?

A estrutura organizativa da formação permanente e o papel de formadores e formadoras (ou assessores e assessoras) também teriam de mudar na formação permanente do professorado. Por um lado, seria preciso que se transformassem em dinamizadores diferentes e, por outro, que ajudassem e potencializassem a criação de uma estrutura flexível da formação.

Durante décadas, criticou-se amplamente o papel assumido pelos formadores e formadoras ou assessores e assessoras considerados *experts* infalíveis ou acadêmicos, que desenvolviam um modelo histórico reproducionista das ideias de outros e normativo. Seu papel preponderante estava na "atualização" do professorado, em colocá-lo em dia, como se diz vulgarmente, e isso se fazia (e ainda se faz) explicando e aplicando soluções de outros às práticas educativas. Esta prática formativa demolidora gerou e gera mais preconceito do que benefício. O conceito de professor bom, eficaz e eficiente que há por trás desses discursos, entre outros, gerou e gera uma infinidade de frustrações, de incomunicações e de abandonos.

A prática educativa muda apenas quando o professorado quer modificá-la e não quando o(a) formador(a) diz ou apregoa. Felizmente, toda a experiência acumulada na formação permanente de professores e professoras, como vimos nas páginas anteriores, anuncia que a crise do formador-solucionador aplica o que eu disser na formação permanente do professorado já aberta, apesar da longa tradição de sua prática formativa.

Pouco a pouco, foi surgindo a consciência de que o(a) formador(a) deve assumir mais um papel de prático colaborador num modelo mais reflexivo, no qual será fundamental criar espaços de formação (ou de inovação ou pesquisa) para ajudar a analisar os obstáculos (individuais e coletivos) que o professorado encontra para ter acesso a um projeto formativo que os ajude a melhorar. O(a) formador(a) nas práticas de formação permanente deve ajudar a saltar esses obstáculos para que o professorado encontre a solução à sua situação problemática. Apenas quando o(a) professor(a) encontrar a solução para sua situação problemática dá-se uma mudança na prática educativa. No futuro, será mais necessário dispor de formadores e formadoras que colaborem nos diagnósticos conjuntamente com o professorado que de solucionadores de problemas alheios.

A profundidade dessa mudança ocorrerá quando a formação passar de um processo de "atualização" a partir de cima para se transformar num espaço de reflexão, formação e inovação para que o professorado aprenda. Dá-se mais ênfase no aprendizado do professorado do que no seu ensino. Isso implica, por parte dos formadores e das políticas de formação, uma visão diferente do que é a formação, o papel do professorado nesta e, por suposto, uma nova metodologia de trabalho com o professorado. Não é o mesmo transmitir-ensinar-normativizar que compartilhar, nem atualizar que ajudar-analisar, nem aceitar que refletir. Não é a mesma coisa explicar minha teoria e minha prática como formador(a), do que ajudar a descobrir a teoria implícita das práticas docentes. A formação move-se sempre entre a dialética de aprender e desaprender.

O formador ou formadora pode ajudar a transformar essa necessária reflexão docente de acadêmica (refletir sobre as matérias), de tipo eficiente (conseguir um ensino eficaz mediante a aplicação de técnicas didáticas que se deduzem de princípios gerais alcançados na pesquisa pedagógica), para uma reflexão mais de desenvolvimento e social (desenvolvimento dos alunos, do desenvolvimento do professor como docente e como pessoa, de fomentar as relações verdadeiramente democráticas na aula e igualitárias e justas no social).

É o abandono do conceito obsoleto que a formação é a atualização científica, didática e psicopedagógica do professorado pela crença de que a formação deve ajudar a descobrir a teoria, ordená-la, fundamentá-la, revê-la e construí-la. Se for necessário, será preciso ajudar a remover o senso comum pedagógico, recompor o equilíbrio entre os esquemas práticos predominantes e os esquemas teóricos. O(a) formador(a) ajuda a meditar sobre situações práticas, pensar sobre o que se faz durante sua execução, incluindo-se nesse processo a deliberação acerca do sentido (e da construção deste analisando e submetendo à revisão crítica o sentido da educação) e o valor ético das atuações.

Também as políticas educativas da formação deveriam propiciar uma nova estrutura organizativa. Se no final do século passado a organização de referência foram os centros de professores ou as instituições de apoio à formação, o que necessitará o professorado no futuro serão estruturas mais flexíveis e descentralizadas, ainda mais próximas às instituições educativas e, claro, estabelecer redes entre instituições educativas para propiciar o intercâmbio da formação dentro das escolas.

Será necessário mudar o modelo de treinamento mediante planos institucionais para abrir passagem de forma mais intensa a um modelo mais indagativo e de desenvolvimento de projetos, no qual o professorado de um contexto determinado assuma o protagonismo merecido e seja ele quem planeja, executa e avalia sua própria formação.

Isso leva a uma mudança nas modalidades e estratégias formativas para além dos cursos e seminários de *experts* acadêmicos. Os intercâmbios entre os pares, ouvir de outros as boas práticas, a elaboração de projetos, o aproveitamento das tecnologias da informação e da comunicação, os processos de pesquisa-ação, a elaboração de diários, de pastas de aprendizagem etc. Comporta uma nova maneira de organizar a formação nas diversas regiões.

Epílogo

Este livro gira em torno de algumas questões recorrentes sobre o professorado, a profissão docente e, sobretudo, sobre a formação permanente e se resume em quatro aspectos que venho repetindo ao longo do texto:

1. A importância do professorado como sujeito, sua identidade, sua autonomia etc.
2. A importância da colaboração na formação.
3. A importância de elaborar projetos de mudança e de formação.
4. A busca de alternativas na orientação, na organização e na intervenção da formação permanente.

Um fato importante é que a instituição educativa se transforma em algo mais do que um simples local de trabalho de professores, professoras e crianças, passando a ser vista como uma organização complexa encarada como um elemento fundamental para a estruturação do conhecimento sobre o ensino do professorado, seu desenvolvimento pessoal, profissional e institucional, para além da formação que recebida fora dela. E essa instituição educativa está dentro de um contexto que determina também a forma (as semelhanças e as diferenças) de ser da própria organização.

Talvez a mensagem mais importante para mim é que outra formação é possível. É possível vislumbrar alternativas que abram janelas por onde entre o ar fresco, como as que não se limitam a analisar apenas a formação como o domínio das disciplinas científicas ou acadêmicas, mas que propõem modalidades, em que o papel da formação permanente é criar espaços em que o professorado tenha voz desenvolvendo processos reflexivos e indagativos sobre os aspectos educativos, éticos, relacionais, colegiais ou colaborativos, atitudinais, emocionais etc., que vão além dos aspectos puramente disciplinares, uniformizantes, técnicos e supostamente "objetivos". Ao questionar aspectos que durante muito tempo permaneceram imóveis ou mesmo estanques numa inércia institucional, potencializa-se o surgimento de alternativas ou propostas novas, que possam provocar um novo pensamento e processo formativo.

A necessidade de estabelecer novos desafios (e resgatar os velhos que ainda funcionem) na prática da formação é o que tentei desengrenar, com maior ou menor fortuna, neste livro, com algumas ideias-chaves ou propostas que pretendem abrir essas novas janelas, descortinando a paisagem da formação permanente do professorado de forma diferente.

Devemos considerar que a formação sempre deve ser desequilíbrio, desaprendizagem, mudança de concepções e de práticas educativas, as quais permitam resolver situações problemáticas — entenda-se por problemático o que se dá por certo e definido (o que vem a se chamar *aprendizagem de duplo anel* [Day, 2005]), — que estão no seio da idiossincrasia do professorado e do contexto. De outro modo, pode ser que a formação permanente não funcione totalmente e, como consequência, o professorado poderá reduzir sua participação na formação, abafar sua motivação e evitar correr riscos de fazer algo diferente nas aulas. Esperemos que este livro, com seus acertos e erros, tenha ajudado a que se corram mais riscos e que a formação permanente vá mudando.

Bibliografia

ABRAHAM, A. *El enseñante es también una persona*. Barcelona: Gedisa, 1986.

AMADO, J. *Las asesorías del siglo XX*: preparando el futuro. Valencia: CISS, 1999.

APPLE, M. *Educar "como Dios manda". Mercados, niveles, religión y desigualdad*. Barcelona: Paidós, 2002.

ATKINSON, T.; CLAXTON, G. (Org.). *El profesor intuitivo*. Barcelona: Octaedro, 2002.

BALL, S. J. Self and Identity in the Context of Deviance: The Case of criminal Abortion. In: SCOTT, R. A.; DOUGLAS, J. D. (Ed.). *Theoretical Perspectives on Deviance*. London/New York: Basis Books, 1972.

BARCENA, F. *La práctica reflexiva en educación*. Madri: Complutense, 1994.

BECK, U.; BECK-GERNSHEIM, E. *La individualización*: el individualismo institucionalizado y sus consecuencias sociales y políticas. Barcelona: Paidós, 2003.

BONALS, J. *El trabajo en equipo del profesorado.* Barcelona: Graó, 1996.

BOURDIEU, P. *La distinción.* Madri: Taurus, 1991.

_____. *El sentido práctico.* Madri: Taurus, 1991.

CASTELLS, A. *La galaxia Internet.* Barcelona: Mondadori, 2003.

COCHRAN-SMITH, M.; LYTLE, S. *Dentro/fuera. Enseñantes que investigan.* Madri: Akal, 2002.

COLÉN, M. T. Detectar las necesidades de formación del profesorado. Un problema de participación y comunicación. *Aula de Innovación Educativa,* Barcelona, n. 44, 1999. p. 72-77.

DAY, C. *Formar docentes. Cómo, cuándo e en qué condiciones aprende el profesorado.* Madri: Narcea, 2005.

_____. *Pasión por enseñar. La identidad personal y profesional del docente y sus valores.* Madri: Narcea, 2006.

DEAN, J. *Supervisión y asesoramiento*: manual para inspectores, asesores, profesorado asesor. Madri: La Muralla, 1997.

DELANTE, G. *Community. Comunidad, educación ambiental y ciudadanía.* Barcelona: Graó, 2006.

ELBOJ, C.; PUIGDELLÍVOL, I.; SOLER, M.; VALLS, R. *Comunidades de aprendizaje. Transformar la educación.* Barcelona: Graó, 2002.

ELLIOTT, J. Improving the quality of teaching through action research. *Forum,* 216, 3, 1984.

_____. *El cambio educativo desde la investigación-acción.* Madri: Morata, 1993.

ESTEVE, J. J. *El malestar docente.* Barcelona: Laia, 1987.

ESTEVE, J. J. El paradigma personal: influjo del trabajo profesional en la personalidad del educador. In: FERRERES, V.; IMBERNÓN, F. (Org.). *Formación y actualización para la función pedagógica*. Madri: Síntesis, 1999. p. 131-165.

FREIRE, P. *A la sombra de este árbol*. Barcelona: El Roure, 1997.

FOUCAULT, M. *Microfísica del poder*. Madri: La Piqueta, 1979.

FULLAN, M. *Las fuerzas del cambio*: explorando las profundidades de la reforma educativa. Madri: Akal, 2002.

FULLAN, M.; HARGREAVES, A. ¿Hay algo por lo que merezca la pena luchar en la escuela? Morón: Movimiento Cooperativo de Escuela Popular, 1997.

GARCÍA LLAMAS, J. L. *Formación del profesorado. Necesidades y demandas*. Barcelona: Praxis, 1999.

GARZA, M. de la. *Educación y democracia*: aplicación de la teoría de la comunicación a la construcción del conocimiento en el aula. Madri: Visor, 1995.

GIBBONS, M.; LIMOGES, C. et al. *La nueva producción del conocimiento*: la dinámica de la ciencia y la inversión en el sector productivo. Barcelona: Pomares, 1997.

GIMENO, J. *Educar y convivir en la cultura global*. Madri: Morata, 2002.

GIROUX, H. *Los profesores como intelectuales*: hacia una pedagogía crítica del aprendizaje. Madri: Paidós/MEC, 1990.

GOODSON, I. F. (Org.). *Historias de vida del profesorado*. Barcelona: Octaedro, 2004.

HABERMAS, J. *Teoría de la acción comunicativa. I. Racionalidad de la acción y racionalización social. II. Crítica de la razón funcionalista*. Madri: Taurus, 1987.

HARGREAVES, A. *Profesorado, cultura y postmodernidad*: cambian los tiempos, cambian los profesores. Madri: Morata, 1996.

_____. Mixed emotions: teacher's perceptions of their interactions with students. *Teaching and Teacher Education*, v. 16 (8), 2000.

HERNÁNDEZ, F. *Biblioteca básica para el profesorado*: formación del profesorado. Barcelona: Praxis, 1998.

IMBERNÓN, F. *La formación del profesorado*. Barcelona: Paidós, 1994.

_____. *La formación y desarrollo profesional del profesorado. Hacia una nueva cultura profesional*. Barcelona: Graó, 1994.

_____. *La investigación como herramienta de formación del profesorado*. Barcelona: Graó, 2002.

_____. *Vivencias de maestros. Compartir desde la práctica educativa*. Barcelona: Graó, 2005.

KEPLER, K. Investigación en la enseñanza: implicaciones para los programas de formación del profesorado. In: PÉREZ, A.; BARQUÍN, J.; ANGULO, J. F. *Desarrollo profesional del docente*: política, investigación y práctica. Madri: Akal, 1999.

LATORRE, A. *La investigación-acción*: conocer y cambiar la práctica educativa. Barcelona: Graó, 2005.

LIPMAN, M. *Pensamiento complejo y educación*. Madri: Ediciones De la Torre, 1997.

LISTON, D. P.; ZEICHNER, K. M. *Formación del profesorado y condiciones sociales de la escolarización*. Madri: Morata, 1994.

LORTIE, D. *Schoolteacher*. Chicago: University Chicago Press, 1975.

MACEDO, D. *Litteracies of power*. Boulder: Westview, 1994.

MARCELO GARCÍA, D. *Formación del profesorado para el cambio educativo*. Barcelona: Eub, 1995.

MARCELO, C.; LÓPEZ YÁÑEZ, J. (Coord.). *Asesoramiento curricular y organizativo en educación*. Barcelona: Ariel, 1999.

MARTÍNEZ, J. *Trabajar en la escuela. Profesorado y reformas en el umbral del siglo XXI*. Madri: Miño y Dávila, 1998.

McLAREN, P. La postmodernidad y la muerte de la política: un indulto brasileño. In: GIROUX, H.; McLAREN, P. *Sociedad, cultura y educación*. Madri: Miño y Dávila Editores, 1998.

MEC. *Contenidos del currículo. (Formación del profesorado.) Educación primaria. En clave de reforma*. Madri: Centro de Publicaciones, Ministerio de Educación y Ciencia, 1994.

MEDINA, J. L. *La profesión docente y la construcción del conocimiento profesional*. Buenos Aires: Magisterio Río de la Plata, 2006.

MELUCCI, A. Markets, the State and Comunita. Oxford: Oxford University Press, 1996. In: DELANTE, G. *Community. Comunidad, educación ambiental y ciudadanía*. Barcelona: Grão, 2006.

MONEREO, D.; DURÁN, D. *Entramados. Métodos de aprendizaje cooperativo y colaborativo*. Barcelona: Edebé, 2002.

_____; POZO, J. I. (Coord.). *La práctica del asesoramiento educativo a examen*. Barcelona: Graó, 2005.

MORIN, E. *Introducción al pensamiento complexo*. Barcelona: Gedisa, 1996.

_____. *La cabeza bien puesta. Repensar la reforma. Reformar el pensamiento*. Buenos Aires: Nueva Visión, 1999.

_____. *Los siete saberes necesarios para la educación del futuro*. Barcelona: Paidós, 2001.

PARRILLA, M. *Apoyo a la escuela*: un proceso de colaboración. Bilbao: Mensajero, 1996.

PÉREZ, A.; ANGULO, F.; BARQUÍN, J. (Org.). El desarrollo profesional del profesorado. *Teoría, políticas y práctica*. Madri: Akal, 1999.

PÉREZ, M. L.; CARRETERO, M. R.; JUANDÓ, J. *Afectos, emociones y relaciones en la escuela*. Barcelona: Graó, 2001.

PERRENOUD, P. *Diez nuevas competencias para enseñar*. Barcelona: Graó, 2004.

_____. *Desarrollar la práctica reflexiva en el oficio de enseñar*. Barcelona: Graó, 2005.

POPKEWITZ, T. (Org.). *Formación del profesorado. Tradición. Teoría. Práctica*. Valencia: Universitat de Valencia, 1990.

PORLÁN, R.; MARTÍN, J. *El diario del profesor. Un recurso para la investigación. El aula*. Sevilla: Díada, 1991.

_____ et al. *La relación teoría-práctica en la formación permanente del profesorado*. Sevilla: Díada, 2001.

REVISTA DE EDUCACIÓN. *La tarea de enseñar*: atraer, formar, retener y desarrollar un buen profesorado. Madri: Ministerio de Educación y Ciencia, 2006.

RODRÍGUEZ, M. del M. *El asesoramiento en educación*. Málaga: Aljibe, 1996.

SACHS, J. *The activist teaching profession*. Buckingham: Open University Press, 2003.

SCHÖN, D. *La formación de profesionales reflexivos*. Barcelona: Paidós/MEC, 1992. [1983 em inglês]

_____. *El profesional reflexivo*: cómo piensan los profesionales cuando actúan. Barcelona: Paidós, 1998.

SPARKS, D.; LOUCKS-HORSLEY, S. Models of Staff Development. In: HOUSTON, W. R. (ed.). *Handbook of Research on Teacher Education*. New York: MacMillan, 1990.

STENHOUSE, L. *La investigación como base de la enseñanza*. Madri: Morata, 1987.

TORRES, J. *La desmotivación del profesorado*. Madri: Morata, 2006.

VÁRIOS AUTORES. *El profesorado*. Barcelona: Praxis, 2004.

_____. *La formación del profesorado*. Barcelona/Caracas: Graó/ Laboratorio Educativo, 2003.

VILLA, A. (Coord.). *Evaluación de experiencias y tendencias en la formación del profesorado*. Bilbao: Mensajero, 1996.

VILLAR, Clara E. (Coord.). *La formación de docentes investigadores*. Sevilla: Díada, 2004.

WENGER, E. *Comunidades de práctica*: aprendizaje, significado e identidad. Barcelona: Paidós, 2001.

ZABALZA, M. A. *Diarios de clase. Un instrumento de investigación y desarrollo profesional*. Madri: Narcea, 2004.

ZEICHNER, K. M. Contradicciones y tensiones en la profesionalización docente y en la democratización de las escuelas. In: PÉREZ, A.; BARQUÍN, J.; ANGULO, F. *Desarrollo profesional del docente. Política, investigación y práctica*. Madri: Akal, 1999.

APRENDER A ENSINAR:
a aprendizagem do ensino no curso de Pedagogia sob o enfoque histórico-cultural

Maria Isabel Batista Serrão

208 págs. • 1ª edição (2006)
ISBN 85-249-1240-5

Em tempos de recuo da teoria como o que presenciamos, em particular na pesquisa educacional, a reflexão sobre a universidade, a escola e a apropriação do conhecimento se faz mais necessária. Diante das Diretrizes Curriculares Nacionais, necessário também se faz o debate sobre a finalidade formativa do curso de Pedagogia. *Aprender a ensinar: a aprendizagem do ensino no curso de Pedagogia sob o enfoque histórico-cultural* volta-se para os que buscam contribuir criticamente nessa reflexão e nesse debate, em especial nos campos da educação e da psicologia.

EDUCAÇÃO E COMPLEXIDADE:
os setes saberes e outros ensaios

Edgar Morin

Maria da Conceição de Almeida / Edgard de Assis Carvalho (Orgs.)

104 págs. • 4ª edição (2007)
ISBN 978-85-249-0884-2

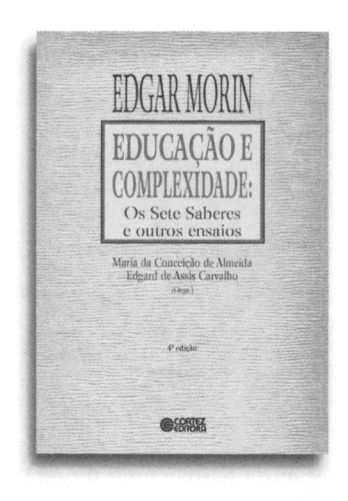

Certamente, será preciso muito tempo, debates, combates, esforços para dar forma à revolução que começa a se efetuar aqui e ali na desordem. Poder-se-ia acreditar que não há nenhuma relação entre este problema e a política de um governo. Mas o desafio da complexidade do mundo contemporâneo é um problema-chave do pensamento e da ação política.